O INOMINÁVEL ATUAL

ROBERTO CALASSO

O inominável atual

Tradução
Federico Carotti

COMPANHIA DAS LETRAS

Copyright © 2017 by Adelphi Edizioni S.p.A., Milão
Todos os direitos reservados.

Grafia atualizada segundo o Acordo Ortográfico da Língua Portuguesa de 1990, que entrou em vigor no Brasil em 2009.

Título original
L'innominabile attuale

Capa
Ale Kalko

Imagem de capa
Mountain in Heat, Cai Guo-Qiang, 2016, pólvora sobre tela, 239 × 450 cm. Coleção particular. Cortesia de Cai Studio.

Preparação
Natalia Engler

Revisão
Márcia Moura
Fernando Nuno

Índice onomástico
Luciano Marchiori

Dados Internacionais de Catalogação na Publicação (CIP)
(Câmara Brasileira do Livro, SP, Brasil)

Calasso, Roberto
  O inominável atual / Roberto Calasso ; tradução Federico Carotti. — 1ª ed. — São Paulo : Companhia das Letras, 2020.

  Título original: L'innominabile attuale.
  Bibliografia
  ISBN 978-85-359-3311-6

  1. Civilização moderna – Século 20 2. Civilização moderna – Século 21 3. Guerra Mundial, 1939-1945 4. Vida intelectual – História – Século 20
  I. Título.

19-31828   CDD-909.82

Índice para catálogo sistemático:
1. Civilização moderna : História   909.82

Cibele Maria Dias – Bibliotecária – CRB-8/9427

[2020]
Todos os direitos desta edição reservados à
EDITORA SCHWARCZ S.A.
Rua Bandeira Paulista, 702, cj. 32
04532-002 — São Paulo — SP
Telefone: (11) 3707-3500
www.companhiadasletras.com.br
www.blogdacompanhia.com.br
facebook.com/companhiadasletras
instagram.com/companhiadasletras
twitter.com/cialetras

Sumário

I. Turistas e terroristas 9
II. A Sociedade Vienense do Gás 89
III. O avistamento das torres 157

Fontes 161
Índice onomástico 175

O INOMINÁVEL ATUAL

I
TURISTAS E TERRORISTAS

A sensação mais precisa e mais aguda, para quem vive neste momento, é não saber onde está pisando a cada dia. O terreno é frágil, as linhas se dividem, os tecidos esgarçam, as perspectivas oscilam. Então se percebe com maior clareza que estamos no "inominável atual".[1]

Entre 1933 e 1945, o mundo realizou uma tentativa de autoaniquilação, em parte bem-sucedida. O que veio depois era amorfo, grosseiro e extremamente poderoso. No novo milênio, é amorfo, grosseiro e cada vez mais poderoso. Elusivo em toda parte, é o oposto do mundo que Hegel pretendia comprimir por meio do torno conceitual. Mesmo para os cientistas, é um mundo fragmentado. Não tem estilo próprio e lança mão de todos.

Esse estado das coisas até poderia parecer animador. Mas apenas os sectários se animam, convencidos de reter o fio da meada do que ocorre. Os outros — a maioria — se adaptam. Seguem a propaganda. A fluidez taoista é a virtude menos difundida. E por toda parte despontam as arestas de um objeto que ninguém conseguiu ver em sua completude. Este é o *mundo normal*.

Auden deu o nome de "A era da ansiedade" a um poema em várias vozes, ambientado num bar de Nova York por volta do final da guerra. Hoje essas vozes soam remotas, como se vindas de outro mundo. A ansiedade persiste, mas não predomina. O que predomina é a inconsistência, uma inconsistência assassina. É a era da inconsistência.

O fundamento do terror está na ideia de que somente o assassinato oferece a garantia de significado. Tudo o mais parece instável, incerto, inadequado. A esse fundamento depois se somam as várias motivações que reivindicam o ato. E a esse fundamento se liga também, de modo obscuro e que implica uma metafísica, o sacrifício cruento. Como se, de tempos em tempos e nos mais diferentes lugares, se impusesse uma necessidade irreprimível de assassinatos que podem também parecer gratuitos e irracionais. Aziago espelhamento entre as origens e o presente. Um espelho enfeitiçado.

O terrorismo islâmico é sacrificial: em sua forma perfeita, é a vítima que pratica o atentado. Os mortos no ato são o *fruto* benéfico do sacrifício de quem praticou o atentado. O fruto do sacrifício antigamente era invisível. Toda a máquina ritual era concebida para estabelecer um contato e uma circulação entre o visível e o invisível. Agora, porém, o fruto do sacrifício se tornou visível, mensurável, fotografável. Como os mísseis, o atentado sacrificial aponta para o céu mas cai sobre a terra. Por isso predominam os atentados de assassinos-suicidas que explodem a si mesmos. Ou, em todo caso, subentende-se que quem pratica o atentado acaba por se matar. Explodir uma bomba qualquer por controle remoto ofusca a natureza sacrificial do ato.

O primeiro inimigo do terrorismo islâmico é o *mundo secular*, de preferência em suas formas coletivas: turismo, espetáculos, escritórios, museus, bares, grandes lojas, meios de transporte. Então o fruto do sacrifício não só consistirá em inúmeras mortes, mas terá ressonância mais ampla. Como toda prática sacrificial, o terrorismo islâmico se funda no *significado*. E esse significado se encadeia a outros significados, todos convergindo para o mesmo motivo: o ódio pela sociedade secular.

No último estágio da sua formação, o terrorismo islâmico coincide com a difusão da pornografia na rede, nos anos 1990. De repente, tinham diante dos olhos, fácil e constantemente disponível, aquilo que sempre haviam imaginado e desejado. E que ao mesmo tempo revelava toda a estrutura de suas regras sobre o sexo. Se aquela negação era possível, *tudo* devia ser possível. O mundo secular invadira a mente deles com algo irresistível, que os atraía e ao mesmo tempo os ridicularizava e desautorizava. Sem o uso de armas — e, além do mais, sem admitir nem exigir a presença do significado. Mas eles iriam *além*. E, além do sexo, há somente a morte. Uma morte selada pelo significado.

Desde os tempos de Netchaiev, sabemos que o terror também pode seguir outras vias. Naquela época, foi chamado de *terror niilista*. Hoje é possível conceber uma variante: o *terror secular*. A ser entendido como mero procedimento, e por isso disponível a qualquer tipo de fundamentalismo, que lhe dá uma coloração específica de acordo com seus fins. Ou também aos indivíduos, que assim podem dar vazão a suas obsessões.

O poder que move o terrorismo e o torna exasperante não é religioso, político, econômico ou reivindicativo. É o acaso. O terrorismo é aquilo que torna visível o poder ainda intocado que rege o funcionamento do todo e revela o seu fundamento. Ao mesmo tempo, é uma modalidade eloquente por meio da qual se manifesta na sociedade a imensa extensão daquilo que a cerca e a ignora. Era preciso que a sociedade chegasse a se sentir autossuficiente e soberana para que o acaso se apresentasse como seu principal antagonista e perseguidor.

O terror secular quer, antes de mais nada, sair da coerção sacrificial. Passar ao puro assassinato. O resultado da operação deve parecer totalmente fortuito e se dispersar em locais anônimos. Nesse momento se evidenciará que o acaso é o mandante último desses atos. E o que assusta mais: o assassinato significativo ou o assassinato fortuito? Resposta: o assassinato fortuito. Porque o acaso é mais amplo do que os significados. Diante do assassinato significativo, o insignificante pode se considerar protegido pela própria insignificância. Mas, diante do assassinato fortuito, o insignificante se descobre especialmente exposto, justamente por sua insignificância. Ao fim e ao cabo, o terror não tem mais necessidade de um mandante coletivo. Mandante e executante podem coincidir. Pode ser o indivíduo como entidade desenraizada, assim como um Estado ou uma seita, que obedece a um mandamento imposto por ele mesmo: matar.

O terrorismo *significativo* não é a forma última do terrorismo, e sim a penúltima. A última é o terrorismo *fortuito*, a forma de terrorismo que mais corresponde ao *deus do momento*.

Desde seu primeiro número, em setembro de 2016, *Rumiyah*

("Roma"), a revista multilíngue online do EI [Estado Islâmico] que substituiu a *Dabiq*, indicava o caminho do terrorismo fortuito num artigo intitulado "O sangue do *kafir*, o infiel, é *halal*, legítimo, para vocês, portanto derramem-no".² E detalhava, oferecendo uma primeira lista de possíveis alvos: "O homem de negócios que vai ao trabalho de táxi, os jovens (já púberes) que se exercitam no parque, o velho que está na fila para comprar um sanduíche. Não só: derramar o sangue do vendedor ambulante *kafir* que vende flores aos passantes também é *halal*".³ Não há discriminações de classe ou idade, exceto no caso do jovem esportista, que deve ter atravessado a puberdade.

A figura do assassino-suicida não é uma invenção recente. No âmbito do islã, nasce com Hasan-i Sabbah, o "Velho da Montanha" de que fala Marco Polo, figura lendária associada ao estrategista ismaelita que durante anos urdira tramas no interior da fortaleza de Alamut. Segundo as fontes da época, era severo, austero, cruel e recluso. "Diz-se que permaneceu ininterruptamente dentro de casa, escrevendo e dirigindo operações — assim como sempre se frisa que, ao longo de todos aqueles anos, saiu de casa apenas duas vezes, e em ambas para subir no telhado":⁴ é o que relembra Hodgson, o mais confiável historiador da seita. Enquanto isso, os enviados do Velho da Montanha, espalhados pelo reino dos seljúcidas que Hassan-i Sabbah queria derrubar, matavam personagens poderosos, em geral com punhais, antes de serem eles mesmos mortos. Eram *fida'iyyan*, "aqueles que se sacrificam", ou seja, "assassinos", palavra que significava "consumidores de haxixe", como foi definitivamente provado por Paul Pelliot.

Passados dois séculos, quando a fortaleza de Alamut estava em ruínas, devastada poucos anos antes pelos mongóis do cã Hulagu, e a *Seita dos Assassinos* era apenas uma lembrança, alguém contou a história do Velho da Montanha a Marco Polo. Odorico de Pordenone a repetiria alguns anos depois, sem variações.

Segundo ambos, o Velho da Montanha "mandara fazer num vale entre duas montanhas o maior e mais belo jardim do mundo".[5] E "ali havia donzelos e donzelas, os mais belos do mundo, que melhor sabiam cantar, tocar e dançar. E o Velho os fazia acreditar que aquele era o paraíso".[6] Mas havia uma condição: "Nesse jardim só entrava quem quisesse ser assassino".[7]

Quando o Velho decidia enviar alguém em missão, induzia-o a um torpor dopado e o retirava do jardim.

> E quando o Velho quer mandar matar uma pessoa, toma o mais vigoroso e o manda matar quem ele quer. E o fazem de bom grado, para regressar ao paraíso... E dessa maneira não resta nenhum homem no caminho do Velho da Montanha se assim ele quiser; e lhes digo que vários reis pagam tributo devido a esse medo.[8]

O Velho da Montanha dera a conhecer a seus hóspedes o sabor do paraíso. Séculos depois, bastaria garantir que o paraíso é reservado aos mártires da jihad e está repleto de prazeres, como se lê no Alcorão. Mas antes era preciso descobrir o *prazer da morte*.

Como aparece em Joinville e em outras crônicas medievais, o Velho da Montanha era uma presença reconhecida e famosa, como o Preste João. Supunha-se que o leitor soubesse quem era. Mas ninguém teve maior clareza do que Nietzsche:

> Quando os cruzados cristãos no Oriente depararam com aquela invencível Ordem dos Assassinos, aquela ordem de espíritos livres *par excellence*, cujos graus inferiores viviam numa obediência que nenhuma ordem monástica alcançou igual, obtiveram de algum

modo informação sobre aquele símbolo e senha reservado aos graus superiores como seu *secretum*: "Nada é verdadeiro, tudo é permitido"... Pois bem, isto era liberdade de espírito, com isto a fé na própria verdade era *abandonada*... Algum espírito livre cristão, europeu, já se extraviou jamais nesta frase e em suas labirínticas *consequências*?[9]

"Nada é verdadeiro, tudo é permitido": onde Nietzsche lera essa frase fatídica? Na *Geschichte der Assassinen* [História da ordem dos assassinos], de Hammer-Purgstall, obra densa, aventurosa e preciosa, publicada logo depois do Congresso de Viena e unanimemente depreciada pelos islamólogos posteriores: "*Que nada é verdadeiro e tudo é permitido* continuava a ser o fundamento da doutrina secreta, a qual, porém, era comunicada a pouquíssimos e oculta sob o véu da mais rigorosa religiosidade e devoção, que, refreando os ânimos com os mandamentos positivos do islã, mantinha-os sob o jugo da obediência cega, tanto mais porque a submissão terrena e o autossacrifício eram sancionados com uma recompensa e uma glorificação eternas".[10]

Em epígrafe ao *Vieux de la Montagne*, de Betty Bouthoul, livro do qual Burroughs extraiu sua obsessão por Hassan-i Sabbah, leem-se algumas linhas de Nicolas de Staël, que se matara três anos antes: "Assassínio e suicídio, inseparáveis e tão distantes à primeira vista...

"Assassínio, sombra trazida pelo suicídio — confundem-se sem trégua como duas nuvens imateriais e atrozmente vivas...

"Matar matando-se..."[11]

O complô nasce junto com a história. Como também o fantasma de um centro oculto que rege os eventos. Os assassinos-suicidas remetem a Osama bin Laden nas cavernas de Tora Bora, o qual remete a Hasan-i Sabbah na fortaleza de Alamut. Há formas que não se extinguem. Transformam-se, carregam-se e se esvaziam de significados de acordo com a ocasião. Mas um fio tênue sempre as liga a seus primórdios.

Pelo menos uma vez a natureza acudiu quem quer impor a xaria por toda parte. Inclusive admitindo dispensar o terrorismo como batedor. Em dezembro de 2004, abateu-se um tsunâmi sobre a costa de Sumatra, em Achém, devastando tudo e deixando de pé apenas uma mesquita. Era preciso recomeçar do zero, situação ardentemente desejada por todas as utopias. E assim se formou um enclave da xaria. Protegem-no os Guardiões da Virtude: "Têm uniformes verdes do islã, bastões de lenho e corações de pedra. Chegam dos campos e sabem como tratar as pessoas da cidade. Costumam aparecer em Banda Achém às sextas-feiras, antes da oração. Circulam com um megafone e uma picape, ela também esverdeada, com a inscrição "Wilayatul Hisbah": esquadrão da xaria. Não são muitos, uma dúzia, mas surgem quase por toda parte e quando menos se espera".[12] Vasculham cafés, jardins, ruas, dormitórios. Prisões e punições são imediatas. Flagelações com vara na praça.

Para o terrorismo islâmico, uma igreja copta ou uma grande loja escandinava são alvos igualmente apropriados. Basta a manifestação do repúdio ao Ocidente em toda a sua extensão, da cristandade à secularidade, por parte de um organismo muito mais rudimentar do que o próprio Ocidente. Basta a concentração do ódio sobre um ponto, se possível cheio de vida. Mas esse ressentimento não é novo. Já existia cinquenta anos atrás. Por que somente agora assume essas formas? É um dos múltiplos resultados da *desintermediação*, diria de pronto um teórico da web. E do fato de que o mundo tende a se tornar *instantâneo* e *simultâneo*. Quem se mata matando é um modelo supremo de desintermediação.

Pouco antes de se encerrar o milênio, nos países islâmicos, como em quase todo o resto do mundo, tornou-se possível o acesso quase instantâneo à visão de um sem-fim de corpos femininos nus praticando atos sexuais. Foi um ultraje extremo e uma atração incontrolável, mais do que em outros países. E foi também uma poderosa sugestão para passar ao ato.

Sayyid Qutb desembarcou em Nova York em novembro de 1948, estarrecido porque uma jovem em trajes diminutos batera à porta da sua cabine, pedindo para se hospedar. Qutb era um funcionário ministerial do Cairo que chegava aos Estados Unidos com uma bolsa para estudar inglês. Examinou o país percorrendo vários lugares , até se estabelecer em Greeley, no Colorado, que de início lhe pareceu um local paradisíaco. Mas logo mudou de ideia e condenou terminantemente o *American way of life*, sobretudo depois de participar de algumas festas nas noites de domingo, quando os refeitórios da faculdade ficavam fechados e os estudantes estrangeiros frequentavam algumas igrejas onde, depois da função, havia jantares e bailes. As luzes diminuíam e Qutb via pernas em movimento ("nuas",[13] especificava), braços que se cingiam, seios que ondulavam — e tocava uma música tirada de um filme de Esther Williams. Já foi o suficiente.

De volta ao Egito, Qutb logo se tornou importante figura política. Uma vez no poder, Nasser o nomeou chefe do Comitê Editorial pela Revolução. Mas não por muito tempo. No Egito de então, como depois na Argélia, havia apenas duas vias: ou os militares ou a xaria, que lá era defendida pela Irmandade Muçulmana. E Qutb representava essa última. Em 1954 acabou sendo preso, depois saiu e lhe propuseram dirigir a revista da Irmandade Muçulmana. Também dessa vez não ficou muito tempo no cargo. Voltaram a prendê-lo. Como vivia doente, foi transferido para o hospital do presídio, onde passou dez anos. Nesse período escreveu um comentário em oito volumes ao Alcorão. Mas sua obra incendiária foi *Marcos miliários*, publicada aos poucos, a partir do cárcere. O livro trazia instruções para a "vanguarda" que deveria conquistar o mundo, livrando-o, em nome do islã, da *jahiliyyah*, a perniciosa "ignorância" que mancomunava islâmicos não observantes da xaria e todos os demais seres vivos. Serviu de guia de ação para outro egípcio, al-Zawahiri, e para seu companheiro Osama bin Laden, bem como para aquele que se tornaria o aiatolá Khamenei.

Qutb foi libertado. Agora lhe permitiriam a expatriação. Qutb sempre recusava. Por fim foi julgado e condenado à morte. Um dos três juízes do tribunal era Sadat. Quando leram a sentença, Qutb disse: "Pratiquei a jihad por quinze anos e consegui conquistar o martírio, *shahadah*".[14] Foi enforcado em 29 de agosto de 1966, ao amanhecer.

Se tantas tribos humanas celebraram sacrifícios nos mais diversos locais e das mais variadas formas, algum profundo motivo deve ter existido. Na verdade, um emaranhado de motivos que nunca se desentrelaçam por completo. Mas o mundo secular nunca aceitou a celebração de sacrifícios — seria um aspecto do passado do qual ele não sabia bem como se libertar. Basta abrir *Os últimos dias da humanidade* [1918], de Karl Kraus, que traz boa parte do que então se lia nos jornais e se ouvia nas ruas, para constatar que durante a Primeira Guerra Mundial falava-se em "sacrifícios" tanto quanto em ações militares. Mas não foi suficiente. Foi preciso outra guerra — e, dentro dela, uma imensa e monstruosa operação de desinfestação, mais uma vez para acabar com o sacrifício. Mas isso tampouco foi suficiente. Depois de uma opacidade secular, durante a qual o islã parecia ter perdido seu gênio, como se exaurido por seu prodigioso florescimento anterior, algo se recompôs em seu interior e, pela boca de Sayyid Qutb, conclamou novos "valores sadios"[15] em contraposição à corrupção do Ocidente e à obnubilação do próprio islã, decorrente sobretudo da progressiva adoção dos modos de vida do Ocidente. Assim, alguns começaram a se matar, uns poucos, com a intenção de matar muitos outros, o maior número possível de pessoas.

A herança do sacrifício devia desembocar em algo: ocorreram duas grandes guerras, e depois o excesso de poder armado impediu seguir adiante. Então surgiu o terrorismo: assassinatos intermitentes, ubíquos, crônicos, sempre mais fortuitos, que mantêm vivo o fogo sacrificial. É uma exata inversão das doutrinas védicas. Mas nenhum dos atores sabe disso. Como autômatos, operam numa oficina que tem um departamento celestial e um departamento infernal.

Sacrifício e terrorismo confluem num ponto, o mais delicado: a escolha da vítima. No sacrifício, será um exemplar intocado, imaculado, de especial beleza — ou, inversamente, um ser qualquer, intercambiável, multiplicável. No terrorismo, pode ser quem tem o poder — ou, inversamente, qualquer um que em certo momento esteja em certo local.

São duas vias, divergentes e coexistentes: a eleição e a condenação. E dois reinos: a graça e o acaso, potências irredutíveis. Os modos como se sobrepõem, se mesclam, se separam, geram inúmeras consequências, as mais sutis, as mais incisivas, que se irradiam sobre todo o resto, irmanadas apenas pelo ato do assassinato.

Para entender as metamorfoses do sacrifício na era secular, é preciso substituir "sacrifício" pela palavra "experimento". Que não é apenas aquilo que ocorre diariamente nos laboratórios — o que já indicaria sua gigantesca dimensão. Experimento é o que a sociedade realiza todos os dias em si mesma. E aqui a ambivalência da palavra fica ainda mais clara, porque os dois supremos experimentadores sociais do século xx foram Hitler e Stálin. Não por acaso Lênin evocava os "engenheiros das almas" — que se assemelhavam mais a certos ferozes cirurgiões lobotomizadores, sempre em nome da ciência. Todos detonadores do desconhecido.

Ao longo do século xx cristalizou-se um processo de enorme alcance, que atingiu tudo o que recebe o nome de "religioso". A sociedade secular, sem precisar declarar, se tornou o último quadro de referência para todos os significados, quase como se sua forma correspondesse à fisiologia de qualquer comunidade, e seu significado devesse ser buscado somente dentro da própria sociedade. Uma sociedade que pode assumir as formas políticas e econômicas mais divergentes — capitalistas ou socialistas, democráticas ou ditatoriais, protecionistas ou liberais, militares ou sectárias. Todas, porém, consideradas meras variantes de uma única entidade: a sociedade em si. É como se a imaginação, depois de milênios, tivesse amputado sua capacidade de olhar *além* da sociedade em busca de algo que dê significado ao que ocorre *no interior* da sociedade. Um passo de extrema ousadia, que implica enorme alívio psíquico, o qual, porém, é sempre de curta duração. Viver "além do bem e do mal" é algo que encontra uma resistência intransponível. Produzir — ou, em todo caso, favorecer — esse alívio é uma característica decisiva da democracia, mas ela não consegue mantê-lo.

Comparada a todos os outros regimes, a democracia não é um pensamento específico, mas um conjunto de procedimentos que se pretendem capazes de acolher em si qualquer pensamento, exceto aquele que propõe derrubar a própria democracia. E este é seu ponto mais vulnerável, como se demonstrou na Alemanha em janeiro de 1933, quando a sociedade secular se revelou ágil e engenhosa em reabsorver dentro de si, sob falsas vestes, aquelas mesmas potências que acabara de expulsar. A teologia acabou por se transformar em política, enquanto a teologia em si foi relegada às universidades.

Mas o processo se aplica a todos os níveis: sem o frêmito do numinoso, a sociedade secular se recusa a subsistir, embora o próprio numinoso seja palavra aceita somente na esfera acadêmica. A sociedade, não podendo nomear o que adora segundo as regras de um cânone, parece condenada a uma superstição nova e insinuante: a superstição de si mesma, a mais difícil de perceber e de desfazer. Assim, as piores catástrofes se manifestaram quando as sociedades seculares quiseram se tornar *orgânicas*, aspiração recorrente em todas as sociedades que desenvolvem o culto de si mesmas. Sempre com as melhores intenções. Sempre para recuperar uma unidade perdida e uma suposta harmonia. Nisso Marx e Rousseau, mas também Hitler e Lênin, e também o produtivista Henri de Saint-Simon, encontraram uma fugaz concordância. *Orgânico* é bonito, para todos. Ninguém se arrisca a dizer que a criticada atomização da sociedade pode ser também uma forma de autodefesa contra males mais graves. Numa sociedade atomizada, é mais fácil se mimetizar. Não se espera que a polícia secreta bata à porta às quatro da manhã.

Tudo isso decorreu de uma longa e atormentada evolução, nunca interrompida — mesmo que por vezes dissimulada. Se precisássemos estabelecer, de maneira evidentemente arbitrária e por meras exigências dramatúrgicas, um ponto inicial desse processo, não haveria imagem mais adequada do que a de Esparta, tal como a mostrou Jacob Burckhardt, condensando o essencial em poucas palavras, com sua habitual sobriedade:

> A potência pode ter uma elevada missão na terra; talvez somente sobre ela, sobre um território por ela protegido, possam surgir civilizações de ordem superior. Mas a potência de Esparta parece ter surgido no mundo quase por si só e pela própria afirmação de si, e seu páthos constante foi a servidão dos povos subjugados e a extensão do seu domínio como fim em si mesmo.[16]

Essas palavras de Burckhardt são especialmente relevantes e podem ser aplicadas não apenas a Esparta, mas à história recente e ao que ocorre na atualidade, como comprova uma curiosa circunstância editorial. Em 1940, a Deutsche Buch-Gemeinschaft publicou num único volume a *Griechische Kulturgeschichte* [História cultural da Grécia], de Burckhardt, que abria com uma nota de advertência, assinada "A Editora": "A sobrecarga científica, as notas, as remissões às fontes, assim como certas repetições e detalhes que interessam apenas ao estudioso, foram eliminadas. Desse modo, a obra adquiriu maior legibilidade".[17] Ora, chegando à página 50, o leitor pode perceber que um parágrafo inteiro foi suprimido — precisamente aquele que conclui com as palavras que acabamos de citar. Mas cabe também ler as linhas precedentes, igualmente suprimidas:

Já se mencionou o alto custo que, geralmente, acarretava a fundação de uma cidade. Mas a fundação de Esparta em especial foi paga a um preço altíssimo pelos povos subjugados. Deu-se a eles a escolha entre todos os gêneros de escravidão, aniquilação, deportação.[18]

E Burckhardt concluía que, embora tal configuração social tivesse uma grandiosidade própria, era inevitável considerá-la "sem qualquer simpatia". Para um editor alemão leal ao regime (e todos então eram leais ao regime), não era admissível que certos fatos fossem nomeados com aquela inflexível precisão e "sem qualquer simpatia",[19] como declarava Burckhardt.

Podemos nos perguntar se a sociedade secular é uma sociedade que acredita em algo além de si mesma. Ou se alcançou aquele elevado grau de sabedoria em que as pessoas renunciam a crer e se limitam a observar, estudar, entender, numa progressão indefinida e imprevisível. Ora, esse estado, que requer sobriedade e concentração, não parece corresponder ao que ocorre diariamente na imensa sociedade secular, já espalhada por todos os continentes e constantemente abalada por turbulências de origens variadas, que lembram eventos das guerras religiosas. Estas, porém, fundavam-se justamente em embates entre crenças. Exércitos invisíveis de teologias e liturgias combatiam ao lado de exércitos terrestres. Hoje seria impossível enxergar esses exércitos. Os conflitos da sociedade não estão mais voltados para algo que está fora e acima dela, mas para a própria sociedade. Que consiste, antes de mais nada, numa vasta superfície sobre a qual intervir, num laboratório onde forças opostas tentam controlar a condução dos experimentos.

Esse quadro já deveria bastar para reconhecer o caráter único da sociedade secular. Qualquer etnógrafo da escola positivista sabia que as centenas de sociedades catalogadas por sua disciplina tinham pelo menos um traço em comum: a crença em potências e entidades exteriores à sociedade, invisíveis e autossuficientes, que pairam sobre a vida de todos. Uma crença que a sociedade secular — a qual, aliás, poderia se chamar *sociedade experimental*, assim isolando seu caráter específico — dispensa.

Mas quando e como foi se formando essa configuração singular? Se for verdade que seus primórdios podem ser fixados, a cada vez com bons argumentos, numa época que varia entre o Paleolítico e a Revolução Francesa, há sempre um argumento de cristalização em que se manifesta a figura completa. E nesse caso seria localizável naquela época que poderíamos definir como a de Bouvard e Pécuchet. Esses dois impávidos inovadores, até hoje incompreendidos, foram os primeiros experimentadores totais. Não há uma zona de atividade humana a que não se tenham lançado. E suas investigações deixavam traços indeléveis em todas as direções, quer se tratasse da jardinagem ou da astrofísica. Empenhavam-se em preparar o campo para todos os experimentos futuros, que, porém, deviam se fundar numa espécie de enciclopédia abrangente. A eles é possível remontar em germe aquilo que um dia viria a se chamar internet. Mas, se o título de heróis fundadores da sociedade experimental cabe a Bouvard e Pécuchet, ainda assim há um livro-guia para o que se refere à doutrina, sejam as cartas de São Paulo para o cristianismo, seja a breve *História do partido comunista* (*bolchevique*) *da URSS* de Stálin para o sovietismo, seja a *Interpretação dos sonhos* de Freud para a psicanálise. No caso da antropologia, foi *As formas elementares da vida religiosa* que Durkheim publicou em 1912.

Por um curioso paradoxo, o livro de Durkheim se apresentava como o exato contrário do ensaio que seu sobrinho Marcel Mauss publicara treze anos antes. Mauss e Hubert haviam escrito sobre a "natureza e a função do sacrifício" — e o que interessava a

Mauss, como a um vidente védico disfarçado, era sobretudo delinear os traços essenciais da "natureza" do sacrifício, mesmo não desconhecendo sua "função" social. Mauss queria descobrir o que é o sacrifício, os perigos que comporta, com o que estabelece contato. A Durkheim, por sua vez, interessava somente a "função": esse singular fenômeno por meio do qual abstrusas e vertiginosas cerimônias servem para manter o equilíbrio e a coesão de uma sociedade. Aliás, de qualquer sociedade.

A via de Durkheim se demonstrou vencedora — e ainda hoje permanece um fundamento inabalado. De fato, quaisquer que sejam seus métodos e quaisquer que sejam as escolas, a antropologia hoje ou é funcionalista ou não é. Este é o terreno comum de pensamento, universalmente aceito. Mas poderia ser diferente? Enquanto estudo *da* sociedade, a antropologia só pode se oferecer como o *locus electionis* onde opera aquela suprema superstição que é constituída pela própria sociedade.

O fundamento da superstição da sociedade é exposto na obra-prima de Durkheim com formidável franqueza, inigualada perspicácia e sem qualquer receio de chegar às últimas consequências. Durkheim estava plenamente ciente de que, em sua teoria, não era admissível estabelecer uma ruptura conceitual entre, de um lado, os aruntas que celebram os ritos da larva *witchetty* [*Endoxyla leucomochla*], "imitando os movimentos do animal quando deixa a crisálida e se esforça para levantar voo",[20] e, de outro, os austeros funcionários em seus sóbrios trajes que celebravam ao seu redor os faustos do Progresso e da Ciência. Uns e outros eram ramos de uma mesma e robusta árvore. Em ambos os casos, trata-se de "delírios", se quisermos usar a palavra que Durkheim considerava mais apropriada. Mas se trata de delírios eminentemente úteis, pois apenas graças a eles se garantia a coesão social, tanto entre os aruntas quanto na França da Terceira República. E, nesse ponto, Durkheim se entregava a uma eloquência seca:

Em resumo, a sociedade absolutamente não é o ser ilógico ou alógico, incoerente ou extravagante que muitas vezes nos comprazemos em ver nela. Ao contrário, a consciência coletiva é a forma mais elevada da vida psíquica, já que é uma consciência de consciências. Situada fora e acima das contingências individuais e locais, vê as coisas apenas pelo seu aspecto permanente e essencial que fixa em noções comunicáveis. Vendo do alto, ela vê longe; a cada momento do tempo, ela engloba toda a realidade conhecida; por isso somente ela pode fornecer ao espírito parâmetros que se apliquem à totalidade dos seres e que permitam pensá-los.[21]

Poderíamos dizer que quem fala é um pré-socrático, a propósito do *logos*. E, no entanto, é o fundador daquela "triste ciência" que é a sociologia. Mas há sempre um fundador anterior ao fundador. E o próprio Durkheim definia Saint-Simon como o "fundador da sociologia".[22] O que os unia? Não eram apenas estudiosos e analistas de algo denominado "sociedade". Eram os primeiros sacerdotes — mais lúcidos e consequentes do que outros, que se detinham no meio do caminho — de um novo culto: o culto da sociedade divinizada. Antigamente bastara divinizar o imperador para assegurar a coesão social. Agora não mais. Era preciso divinizar a própria sociedade. E a coesão se tornava a seiva divina circulante no seu corpo. Durkheim não se preocupava em criticar (ou em demonstrar inexistente) o objeto (divino) ao qual os homens religiosos diziam se dirigir. Pelo contrário, tranquilizava-os com paterna solicitude: aquele objeto existe. Mas é preciso chamá-lo com nomes de deuses ou de um deus. Aquele objeto é a própria sociedade: "Ela é para seus membros o que um deus é para seus fiéis".[23]

Como antevia Durkheim, o *tipo ideal* do atual antropólogo ou historiador da antiguidade se caracteriza por uma acentuada falta de interesse pelas entidades a que os oficiantes destinam o sacrifício. Podem ser deuses, demônios, espíritos, potências, antepassados: o quer que sejam, subentende-se que, como não existem, dirigir-se a essas entidades não é fundamentalmente diferente de dirigir a palavra a um armário. Considera-se mais ou menos irrelevante o que for dito a um armário, ao passo que se dedica uma minuciosa atenção às razões econômicas e sociais que podem ter levado a tal comportamento. E a solução preferida será daquele que conseguir descrever em detalhe a função homeostática que esse comportamento, em si aberrante, cumpre no interior de uma determinada sociedade.

Há uma voz solitária no século XX que reconheceu, com limpidez e inflexibilidade, o processo que levou a sociedade a se tornar a principal e mais poderosa superstição hoje atuante: Simone Weil. Baseando-se na passagem de Platão na *República* sobre o "grande animal",[24] Weil circunscreveu com palavras luminosas o fenômeno pelo qual o social "imita o religioso até o ponto de se confundir com ele, salvo um discernimento sobrenatural".[25] Discernimento que põe o pensamento a duras provas, como Weil sugeriu num parêntese: "Esse mistério cria uma espécie de parentesco entre social e sobrenatural e até certo ponto desculpa Durkheim".[26] Esse "parentesco" é um ofuscamento compreensível e fatal, se for verdade — como escreveu Weil em outro lugar — que, "sob vários aspectos, o social é o único ídolo".[27] Impõe-se então uma pergunta: como escapar hoje a essa variante da magia negra? Como um sujeito da sociedade secular, treinado para ignorar o invisível, pode voltar a reconhecê-lo? Sob qual forma? O que lhe acontecerá, se não quiser se impor um credo, como ocorre, pelo contrário, no caso das lamentáveis seitas ocidentais, que se declaram hinduístas ou budistas ou genericamente xamânicas? Jogo risível, que faz parte das várias oportunidades oferecidas pela sociedade secular e marcadas com o seu selo.

A disponibilidade e a acessibilidade de todas as crenças do passado constituem precisamente uma das características da era que um dia chamei de *pós-histórica*. Mas, se excluirmos essa via inevitavelmente paródica, que outra possibilidade permanece? Deverá o sujeito secular contentar-se com a anulação do invisível, que já se tornou o pressuposto da vida comum? É este o divisor de águas. Se o essencial não é acreditar e sim conhecer, como pressupõe toda gnose, trata-se de abrir um caminho na escuridão, utilizando qualquer meio, numa espécie de incessante bricolagem do conhecimento, sem ter nenhuma certeza sobre um ponto de partida, nem imaginar um ponto de chegada.

É essa a condição, tanto infeliz como excitante, de quem hoje não professa nenhuma fé e ao mesmo tempo se recusa a aceitar a religião — ou, mais precisamente, a superstição — da sociedade. É um caminho difícil, sem nome, sem nenhum ponto de referência que não seja cifrado e estritamente pessoal. Mas é também um caminho em que se encontra o socorro inesperado de vozes afins, como numa constelação clandestina. Não acredito que se possa esperar mais, no momento. Mas, se olharmos bem, é muito, muitíssimo. E é um *grande jogo*, que não poucos têm praticado ao longo dos séculos, sem o declarar, e que hoje deve ter a ousadia de se mostrar à plena luz. Como se lê nas *Observações sobre o "Ramo de ouro"* de Wittgenstein: "Poder-se-ia quase dizer que 'o homem é um animal cerimonial'".[28]

Mandelstam pensava por imagens e abreviações. Uma vez, num ensaio de 1922, delineou em poucos traços o evento inquestionável que estava ocorrendo, que ninguém conseguia nomear e do qual ele mesmo seria uma das inumeráveis vítimas: a sociedade que usa qualquer um como material de construção. De quê? De si mesma.

Há épocas que dizem: não nos importa o ser humano, o homem deve ser usado como tijolo, como cimento, não adianta construir para ele, é ele que serve para construir. A arquitetura social se mede em escala humana. Às vezes se torna hostil ao homem, de cuja humilhação e nulidade alimenta a sua grandeza.[29]

E a seguir aflora a imagem:

Todos percebem a monumentalidade da arquitetura social que se está aproximando. Ainda não se vê a montanha, mas ela já projeta a sua sombra sobre nós, e nós, agora desacostumados às formas monumentais da vida social e avessos à platitude estatal e jurídica do século XIX, movemo-nos nessa escuridão amedrontados e perdidos, incapazes de entender se é a asa da noite iminente ou a sombra da cidade natal onde devemos entrar.[30]

Pouco tempo depois, Mandelstam alcançaria a certeza: era realmente "a asa da noite iminente", sob a qual ele logo iria desaparecer.

"Nossa era busca insistentemente, às vezes de forma desesperada, um conceito da ordem mundial",[31] escreveu Henry Kissinger. Os homens védicos teriam traduzido "ordem mundial" por ṛta, que significa também — indissociavelmente — "verdade". Para Kissinger, "ordem mundial" significa equilíbrio entre as sociedades, aplicação planetária ideal da paz de Vestfália; para os homens védicos, significava "ordem do cosmo", portanto, da sociedade e de tudo que está fora dela e a alimenta, das potências de que depende a totalidade da vida. Encontrar uma *ordem mundial* ignorando tudo o que está fora da sociedade não passa de um empreendimento desesperado, embora por motivos bem diferentes dos que Kissinger admite.

"Ordem", por si só, não se sustenta, como já sabiam os homens védicos. O próprio Kissinger reconheceu: "Ordem e liberdade, às vezes descritas como polos opostos no espectro da experiência, deveriam, ao contrário, ser compreendidas como interdependentes".[32] Mas "liberdade" é uma palavra sobre a qual não há no mundo nem sequer um vago e genérico consenso. Em um heterogêneo leque de países, que vai do Marrocos à Indonésia e é habitado por mais de um bilhão e meio de pessoas, certamente não é entendida como Kissinger gostaria. A liberdade da xaria não é compatível com a dos Pais Fundadores. Lá a *ordem*, em si frágil e precária, só conseguiria ser "interdependente" da *polícia da virtude*, como no Afeganistão ou na Indonésia.

Henry Kissinger começou sua carreira com um sólido livro sobre o Congresso de Viena. Passando dos estudos à política ativa, tentou de todas as maneiras aplicar o que chamou de política "vestfaliana", isto é, baseada no princípio de equilíbrio entre as potências que foi introduzido no Tratado de Vestfália de 1648 e reformulado pela última vez em 1815 com o Congresso de Viena. E, enquanto persistiu uma oposição polar entre EUA e URSS, esse princípio encontrou um corolário adicional, então apontando para a dissuasão nuclear e a partilha das áreas de influência.

Mas e depois? Uma ordem fundada no equilíbrio entre as potências se tornou inexequível, antes de mais nada, porque as potências não mais se opõem frontalmente, mas sim por vários lados. E não compartilham sequer o princípio da partilha das áreas de influência. O mundo islâmico nunca aceitou raciocinar nesses termos. Ali Khamenei, sucessor de Khomeini, cuidou de traduzir *Islã: A religião do futuro*, de Sayyid Qutb, e escreveu uma introdução dizendo que "esse sublime e grande autor" havia confirmado em seu livro que "o governo do mundo ao final estará nas mãos da nossa escola e 'o futuro pertence ao islã'".[33] Estávamos em 1967 — e valia tanto para os sunitas quanto para os xiitas. Planos persistentes e de longo prazo.

Não foi isso, porém, que convenceu Kissinger sobre a inexequibilidade de uma ordem mundial, por mais necessária e "desesperadamente" buscada, e sim o fato de não existir mais um espaço circunscrito e sumariamente regulamentado dentro do qual se realiza a política. Logo depois de citar o general Keith Alexander, chefe do Cibercomando americano, segundo o qual a "próxima guerra começará no ciberespaço",[34] Kissinger comentava: "Não será possível conceber uma ordem internacional quando a região através da qual a sobrevivência e o progresso dos Estados estão sendo decididos permanece sem qualquer padrão internacional de conduta e entregue a decisões unilaterais".[35] Nessa definição, Kissinger é obrigado a mesclar linguagem vestfaliana e linguagem do ciberespaço, deixando a impressão de que a segunda escapa não só à primeira, mas aos próprios governantes.

Ao longo de todo o século xx, era recorrente a obsessão pelo *controle social*. Uma vez que a sociedade se tornou uma entidade soberana e sem nenhum vínculo, caberia a ela controlar e plasmar seu próprio material. As várias formas totalitárias foram igualmente tentativas nessa direção. Os Estados, porém, eram os sujeitos operantes apenas na aparência. No interior de cada um deles se instalava uma estrutura restrita, agregada ao Estado mas capaz de pilotá-lo. Assim ocorreu com a kgb na urss, assim ocorreu com as ss na Alemanha. Eram corpos sectários, que dispunham de poderes ilimitados. Múltiplas as modalidades de controle, atribuíveis principalmente a dois preceitos observados na Oceânia de Orwell: "Quem controla o passado controla o futuro; quem controla o presente controla o passado".[36]

Mas não seria a última modalidade de controle. No início do novo milênio, quando se estabilizou o império digital, ficou evidente que *controle* significava, antes de mais nada, *controle dos dados*. E a situação se inverteu. Aqueles dados não eram mais extraídos à força a partir de cima, mas espontaneamente oferecidos a partir de baixo, por uma quantidade inumerável de indivíduos. E eram a própria matéria sobre a qual se exerceria o controle. Então nos perguntamos: qual seria o poder controlador? Os primeiros suspeitos foram, como sempre, os Estados. Mas aqui interveio a novidade explosiva. Os Estados não são os únicos que podem agir. A partir deles, tem-se uma sequência que inclui, em primeiro lugar, as empresas para onde afluem dados incessantemente, e se estende aos bandos informáticos (de criminosos? de ativistas por alguma boa causa?) e ao indivíduo, hacker anônimo, que também poderia apenas brincar com seu poder. O ponto crucial é o anonimato.

Realiza-se assim uma espécie de retorno à origem: toda sociedade livre de observâncias devocionais é inicialmente uma entidade anônima. Depois, identifica-se com certas formas de Estado, radicadas em certos locais. Depois, com seitas internas a esses Estados. Por fim, com gigantescas empresas que reúnem e governam dados. Mas a sequência não para aí. A seguir, entra-se numa zona *que não tem nome*. E onde não é mais possível atribuir nomes com certeza. Tal como na origem. É irrelevante se determinado poder sobre os dados seja usado para conduzir ou para desorganizar a evolução de uma ordem, já que o controle se mede apenas em relação à eficácia da ação. Se a própria ordem é tida como ruim, o vírus que a neutraliza se torna arma do bem. E poderá igualmente remeter a um nome ou a uma entidade anônima.

A tradução de *hacker* por "pirata informático" é imprecisa e enganosa, porque ignora o aspecto da *operação sobre a forma* que é inerente ao termo em inglês. *Hacker* é alguém que corta, cava e — eventualmente — desmonta, recompõe, despedaça uma forma.

Sem essa ação sobre a forma não há *hacking*, enquanto a pirataria é um puro ato de agressão e roubo. A invasão dos programas, a manipulação, a corrupção de arquivos: são traços que lembram Dadá e atravessam a nuvem informática como relâmpagos incontroláveis. Todo programa requer operações de codificação. E o mundo está se sujeitando a um procedimento de codificação universal e omnilateral. Toda codificação é uma substituição. Mas mesmo a codificação pode ser substituída. E, quem sabe, por um "código malicioso", como se costuma dizer em jargão informático. É esse o carma da digitalidade. Que, de substituição em substituição, pode facilmente perecer.

A legitimidade acabou por se esvair quando o chanceler Bethmann declarou que os tratados eram letra morta e teve início a Primeira Guerra Mundial. Mas os destroços da legitimidade permaneceram na linguagem da política, como em certas famílias se continua a contar anedotas sobre algum nobre antepassado. E a palavra é sempre usada com certa complacência.

No entanto, para aqueles países que nunca tiveram o privilégio da democracia e ocupam grande parte do mundo, a legitimidade implica em primeiro lugar, se não exclusivamente, acatar os resultados eleitorais. Mas, se o Ocidente fomenta a anulação dos resultados eleitorais nesses países, como ocorre na Argélia e no Egito, toda a sua bem-intencionada pregação em favor da democracia será entendida como engodo e se confirmará o velho e difundido preceito que aconselha evitar ao máximo a adoção daquilo que o Ocidente quer difundir.

A chaga aberta da democracia é a possibilidade de chegar ao poder, por vias legais, quem se propõe a abolir a própria democracia, como aconteceu com Hitler em janeiro de 1933. Chaga incurável e nobre, pois a democracia se mostra como um ser vivo, que encerra em si o germe da autodestruição. Caso se pretenda curar a chaga com uma terapia traumática, geralmente com um golpe de Estado, abre-se uma via que acaba por se revelar uma premissa para desastres futuros. Na Argélia, em 1991, o partido islâmico (FIS, Frente Islâmica de Salvação, nome eloquente) obteve uma indiscutível vitória nas eleições. Segundo a regra democrática, os islamitas deveriam ter assumido o poder, dispondo de um número de cadeiras suficiente para modificar a Constituição e transformar o Estado laico em Estado religioso. Seguiu-se um golpe de Estado militar, maciçamente apoiado pelas potências ocidentais. A consequência foi uma guerra civil que provocou a morte de cerca de 150 mil pessoas, boa parte delas degoladas. Outra guerra civil dos anos 1990, na Iugoslávia, causaria um número similar de mortos. Mas sua feroz e incontrolável sequência de acontecimentos permanece na memória até hoje, enquanto sobre a guerra civil argelina desceu um silêncio quase completo. No entanto, foi nessa ocasião que um grupo salafita, o GSPC (Grupo Salafita para a Pregação e o Combate), predecessor da Al-Qaeda e do EI, fez seus primeiros ensaios. O pressuposto de sua ação era uma desconfiança total, revigorada e, nesse caso, fundamentada em relação ao Ocidente. Foi então que se mostrou que o fundamentalismo islâmico não tinha preconceitos em relação aos adversários: podia atingir os ocidentais ou mesmo outros islâmicos, sunitas ou xiitas, com igual ímpeto.

A coisa de que mais se orgulha o pensamento secular é de ter inventado a democracia. Não sem razão, pois nenhuma outra forma política poderia tornar a vida tolerável para um número tão grande de pessoas. Mas a democracia, mais do que um pensamento de *algo*, é uma concatenação de procedimentos. Estes atingem seu melhor funcionamento quando os mecanismos estão bem azeitados, segundo o modelo da democracia *formal*. Modelo admirável e frágil, que pode operar somente em condições precisas. O primeiro inimigo da democracia é a demografia, que a torna impraticável quando se transpõem determinados limiares. Mas, se a democracia não consegue efetivar suas garantias (tolerância, liberdade de expressão, igualdade de direitos, cosmopolitismo, transmissão não violenta dos poderes), torna-se cada vez mais difícil converter tais garantias nos princípios que regem o pensamento. Assim, a democracia se torna cada vez mais um *wishful nothing*. E, na lembrança, adquire as cores de uma cenografia perdida. Um dia falaremos dela como os senadores do Império invocavam as virtudes da Roma antiga.

Quando se menciona o caráter formal da democracia, muitos dão sinais de impaciência e se apressam em dizer que a democracia nunca é suficientemente democrática e que, para ser verdadeira, teria de ser substancial, o que talvez um dia venha a ser, e então a democracia será uma coisa totalmente diferente... A essa altura, pode-se ter certeza: quem assim fala é um inimigo da democracia.

No fundo, o que unia Lênin e Hitler era, em primeiro lugar, a aversão pela democracia formal. Todo o resto decorria como consequência, em direções diferentes, mas não muito distantes. A maravilha da democracia consiste em ser vazia, sem conteúdo. É uma doutrina para a qual o essencial é a regra, antes mesmo do que prescreve a regra. E o perigo é que esse caráter essencial da democracia possa ser considerado abstrato demais para despertar respeito e admiração.

A democracia formal é, sem dúvida, a mais perfeita versão da democracia, mas é também a mais inaplicável. Sobretudo quando se ultrapassou um certo meridiano da história e as pressões demográficas, étnicas e psíquicas são esmagadoras. Então ressurge a quimera da democracia direta. Seu fundamento é o ódio pela mediação, que facilmente se torna ódio pelo pensamento em si, indissoluvelmente ligado à mediação. Por isso tão mais preciosos são e principalmente serão os escolhos remanescentes de democracia formal, batidos e muitas vezes submersos pelas ondas de algo que se revela funesto em várias medidas.

Somente na Declaração de Independência americana se nomeia "*the pursuit of Happiness*" [a busca da felicidade] como um dos "direitos inalienáveis" do homem — e isso é frequentemente lembrado como uma cortesia dos Pais Fundadores em relação aos mais áridos constituintes europeus. Mas essa palavra mágica também é encontrada em outro texto, que pode ser considerado a Declaração de Independência do terrorismo: o *Catecismo do revolucionário*, redigido por Netchaiev. Em seu artigo 22, lê-se: "A sociedade não determina para si outra finalidade senão a libertação completa do povo e a sua felicidade".[37]

"A maior felicidade para o maior número": à primeira vista, parece uma frase de benevolência democrática genérica. Se observada mais de perto, parece carregada de consequências imprevistas. Esboçada por Hutcheson e Helvétius, retomada por Priestley e Beccaria ("a maior felicidade dividida entre o maior número"), a fórmula chegou em poucos anos a Bentham, que lhe revelou o caráter maligno. Bentham procurava, entre os impulsos e os sentimentos humanos, algo que fosse mensurável. Encontrou-o na utilidade. Mas não era suficiente. *Tudo* devia ser medido. E podia sê-lo, Bentham descobriu, se fosse remetido à utilidade. Quanto à própria utilidade, podia ser medida em dinheiro. A partir daí, pensou Bentham, era possível começar a raciocinar de modo fundamentado, científico.

Foi um momento fatal, que todos ignoraram, salvo os fiéis seguidores de Bentham. Era o pretexto para que a economia política, então em sua primeira fase de turbulenta e grandiosa expansão, açambarcasse a totalidade do humano, inserindo todos os seus componentes em seus cálculos, tal como as commodities. Que fossem entidades talvez totalmente imensuráveis — ou, em todo caso, medidas com critérios arbitrários e rudimentares —, não importava. O que importava era que assim se podia calcular tudo. Logo a economia — não mais chamada de economia política — iria se tornar a disciplina soberana, de que tudo depende, e inúmeros representantes seus, até os algoritmos de hoje, viriam a praticá-la, muitas vezes ignorando o nome de Bentham, mas pondo seu princípio em ação. Este se baseava num falso fundamento, mas era de fácil aplicação. E a economia, assim como o mundo por ela governado, queria acima de tudo ser aplicada. A tudo.

Qual é o fim último da democracia?, perguntou-se Tocqueville. E o que a diferencia irreversivelmente da aristocracia? Antes de mais nada, a vontade de experimentar: "Nos povos aristocráticos, o poder social se limitava comumente a dirigir e a vigiar os cidadãos em tudo o que tinha uma relação direta e visível com o interesse nacional, mas deixava-os de bom grado entregues a seu livre-arbítrio em tudo o mais".[38] Já entre os governantes democráticos era bem diferente: "Dir-se-ia que eles se julgam responsáveis pelas ações e pelo destino individual de seus súditos, que empreenderam conduzir e esclarecer cada um deles nos diferentes atos de sua vida e, se preciso, torná-lo feliz independentemente da vontade dele".[39]

Sem dar na vista, mantendo sempre uma fictícia aparência de neutralidade, Tocqueville introduzia um argumento crucial *contra* a democracia. Por que aceitar um regime que quer nos tornar felizes "mesmo contra a nossa vontade"? Assim como esse regime um dia nos obrigou a ser felizes, no dia seguinte ele poderia nos obrigar a aceitar algo ainda mais desagradável do que a felicidade imposta.

***

Não há nada mais informe do que a substância das mentes, se for separada de Deus.[40]

Malebranche

Para aflorar, a figura do *Homo saecularis* não precisou dos paleoantropólogos, tampouco das incontáveis conferências sobre a secularização, pois já no século XII um monge beneditino, Pietro de Celle, traçava o seu perfil: "Assim, observemos pela janela do silêncio e da contemplação como a volúvel roda da vida secular gira na sua volubilidade, e então poderemos captar a grande inconstância com que a consciência secular (*saecularis conscientia*) se agita ao circular. Tal como o vaguear dos cuidados mundanos ignora qualquer fundamento estável, assim também a consciência secular não nos fornece sinais estáveis e precisos de si mesma. Seu aspecto muda não a cada dia e a cada ano, mas a cada hora e a cada momento. Olhe a praça, olhe a taberna, olhe o teatro, olhe o bordel: são todos laboratórios do erro. É aqui ou ali que se encontrará o homem secular (*Homo saecularis*)".[41]

Evidentemente, o *Homo saecularis* já então acompanhava a história como uma sombra constante. O que se acrescentou, no correr dos séculos, à sua figura? O fato de que a sombra se transmutou no *homem normal*, que se encontra no centro da cena como protagonista solitário e despossuído.

Ao contrário do homem védico, que nascia sob o fardo de quatro *ṛṇa*, "dívidas" — para com os deuses, os *ṛṣi*, os antepassados e os homens em geral —, o *Homo saecularis* não deve nada a ninguém. Está por conta própria. Não tem nada por *trás*, a não ser suas ações. É inevitável a sensação de incerteza, pois ele se apoia em algo instável — e talvez inconsistente. O prazer do arbítrio é estragado por essa inconsistência. Arbítrio, mas até que ponto? Não existe um modelo a ser alcançado, nem mesmo para o prazer. Há a soberania — antes do objeto sobre o qual exercê-la. Esse é o tormento perene de *Homo saecularis*, que, porém, reluta em falar a respeito.

Toda religião exige uma observância de preceitos que, variando no tempo e no espaço, também podem ser pesados, obsessivos, exasperantes. Ou podem se reduzir a um mínimo que, porém, continua a ser obrigatório. O *Homo saecularis*, por sua vez, não é obrigado a observar preceitos. Deve apenas se abster de transgredir os artigos dos vários códigos sobre os quais sua vida se apoia. Mas não é obrigado a nenhum gesto.

A rigor, o *Homo saecularis* pode levar uma vida imperceptível e sossegada, sem de alguma forma participar daquilo que o cerca. A literatura nos deixou alguns exemplos dessas vidas (o Homem do Subsolo, Bartleby, os solilóquios de Robert Walser). Aceitando algumas regras elementares, que ditam não prejudicar o próximo para não ser prejudicado por ele, tornava-se possível uma vida livre de vínculos, com ou sem valor *em si*, na ausência de prescrições doutrinárias. Mas foi precisamente isso que não ocorreu. Embora não dependessem mais de uma crença religiosa, as prescrições voltaram prontamente a lotar a cabeça do *Homo sae-*

cularis, criando alternadamente perplexidade, confusão, entusiasmo passageiro ou profunda depressão.

A secularização é, em primeiro lugar, o afrouxamento dos vínculos — de qualquer vínculo. E, em certos casos, a anulação dos próprios vínculos. À parte o respeito pelos códigos, que implica a observância de uma ordem, o único vínculo que permanece é o pagamento dos impostos. Nenhum rito é obrigatório, nem mesmo as votações. A situação resultante poderia despertar um leve sentimento de euforia. Diante dos olhos de cada um, estende-se uma imensa área do disponível. E do admissível, desde que não se transgrida a lei.

Mas os secularistas não são felizes. Tampouco se sentem aliviados dos muitos pesos. Percebem a inconsistência daquilo que os rodeia. Às vezes reconhecem algo de ameaçador. Mas em relação a quê? A inconsistência está neles mesmos. *Personalizada.*

É plausível que a secularização já estivesse em curso no Paleolítico Superior — e que o processo nunca tenha se interrompido. Mas quando se pode dizer que a secularidade se instalou definitivamente? Nos anos em que Adorno escrevia *Minima moralia*, por volta de 1950 nos Estados Unidos, portanto. A palavra "secularidade" não era de uso corrente e ninguém pensou em celebrar a sua implantação. Foi então que o mundo das casas unifamiliares, com cerca e jardinzinho, mundo improvável até aquele momento, tornou-se *normalidade*. E a normalidade tomou o lugar da norma. Tudo isso poderia ter sido recebido com alívio, como quem se livra de uma servidão ininterrupta. Mas não foi assim. Aliás, logo começou a se desenvolver um rancor surdo, aparentemente sem objeto. Quando uma Internacional juvenil passou a se manifestar nos campi e nas salas de aula contra o *sistema*, esse rancor já estava se articulando, embora os alvos pudessem ser ilusórios e enganadores.

A secularidade não quer convencer. Só quer ser aplicada. Afinal, ela consiste apenas numa série de procedimentos. E esses procedimentos querem apenas ser considerados como equivalentes à normalidade. Se se quer voar de um lugar para outro, é preciso seguir uma série de passos, estes e não outros. Da mesma maneira, o tráfego aéreo obedece a um certo número de regras que são aplicadas em todos os lugares. Essa é a normalidade. O mesmo ocorre com a financeirização da economia. E com a informatização capilar se instaura o reino inconteste dos procedimentos. Da aceitação disso, decorrem muitas consequências. Qualquer outra concepção sobre o curso das coisas é aceita como se recebe um hóspede que respeite as regras da casa.

Tudo isso decorre de um momento da história em que os procedimentos prevaleceram sobre os rituais. Momento fugaz, difícil de localizar, já que os procedimentos e os rituais possuem traços comuns. Antes de mais nada, são ações formalizadas. Mas voltadas para direções opostas. O ritual mira a perfeita consciência, que para os cristãos é o instante da transubstanciação. Os procedimentos, por sua vez, miram o automatismo total. Quanto mais se multiplicam os procedimentos, tanto mais se expande o reino dos autômatos.

E chegou o momento em que os secularistas se rebelaram. Deram-se conta de que não estavam sozinhos. E que não ocupavam o mundo todo. Os procedimentos se aplicavam em toda parte, mas os secularistas viviam apenas em certa parte do planeta — que nem era a *maior* parte. Sentiram-se subitamente assediados por *estrangeiros*, que chamavam de *imigrantes*. Estes queriam se servir de seus procedimentos, mas continuavam a encará-los com o olhar insidioso de quem se sente em outro lugar. Vê-los nas ruas familiares já bastava para criar um sentimento de inquietação. Ter passado por tantas dificuldades e angústias para entregar as conquistas nas mãos daqueles seres malignos? E, além do mais, tão numerosos?

A sociedade secular tem um tremendo medo do que foi sua maior descoberta: o alívio, a libertação de obrigações rituais e confessionais. Em vez de apreciar essa situação suspensa e aceitá-la como possível começo de novos movimentos, corre-se para se enclausurar em *causas*, boas ou más, como já notou Stirner. E essas *causas* são, antes de mais nada, paliativos.

Mas onde se poderá hospedar aquilo que não renuncia a pensar? Não mais na universidade. Seria proveitoso que o pensamento tivesse um período de ocultamento, de vida clandestina e camuflada, de onde regressaria numa situação comparável à dos pré-socráticos. É preciso *reconhecer* as potências de que se fala, antes mesmo de nomeá-las e de se arriscar a teorizar o mundo. O "pensamento impuro"[42] de Nietzsche deu os primeiros passos nessa direção. Mas não se pode dizer que tenha ido muito longe.

Com o islã acabou a era das religiões. Maomé se apresentava como "Selo dos Profetas". Desde então, nascem apenas cismas. Ou seitas e cultos, que se multiplicam. Enquanto isso, o tormento da secularização, presente desde o início, opera de maneira sempre mais evidente e corrosiva. Mais ou menos mimetizado, já se deixava perceber em todas as cosmogonias. Mas o que acontece quando a linfa religiosa deixa de circular? Impera o pensamento secular. Ele, porém, é insuficiente, inadequado mesmo em relação aos fatos elementares da vida. A longo prazo, cria-se nos secularistas um ressentimento, até violento, em relação à própria secularidade. Então ressurge a atração pelas seitas, que pelo menos oferecem um suporte sólido. Ou por princípios rudimentares e medidas fragmentadas de autodefesa. Abandonado a si mesmo, o mundo secular não oferece certezas, mas probabilidades. A ciência é um mundo totalmente à parte, habitado por poucos. E não desenvolveu critérios de comportamento rigorosos, apenas uma atitude de confiança genérica na própria ciência. Tão logo saem de seus laboratórios, que até podem ser apenas mentais, os cientistas se encontram na mesma situação dos outros seres seculares e muitas vezes falam como tolos. O que mantém o conjunto unido é o funcionamento das próteses. Incessante, muito mais poderoso do que qualquer ação humana, esse funcionamento é o ruído de fundo de todo pensamento. Serve de testemunha do progresso do conjunto das próteses e de proteção a seus propagadores, hóspedes inócuos e muitas vezes irrelevantes.

Existe algo que se possa chamar de *pensamento secular*? Ou é uma ficção cômoda? Ou um baú cheio de retalhos de outros pensamentos? É preciso admitir, com alguma surpresa, que ele realmente existe. Seu profeta foi Bentham, franco e feroz. O principal local de peregrinação, o University College de Londres, onde está exposta a sua múmia. E o último missionário foi B.F. Skinner, propagador do behaviorismo, por algum tempo aceito pela comunidade científica sem objeções. O objeto dos experimentos de Skinner era o perfeito *Homo saecularis*, que existe apenas como somatório de reações *reforçadas*. O homem de Skinner, hoje considerado um destroço incongruente, era uma diligente aplicação experimental da *tabula rasa* de Locke. E Locke foi o primeiro cavalheiro a assumir o papel de *Homo saecularis*.

O pensamento secular é aquilo que permanece depois de um processo de esvaziamento progressivo, em operação há vários milênios. Animais, deuses — no plural ou no singular —, demônios, anjos, santos, almas, espíritos e, ao fim, também princípios e vontades foram gradualmente evacuados. E se tornaram material de pesquisa. Todos presentes, mas nos livros. Nesse meio-tempo, o pensamento cotidiano abdicava de bom grado, cada vez mais, dos próprios livros.

O *Homo saecularis* fala com muitas vozes, frequentemente divergentes. A que mais se destaca é progressista e humanitária. Aplica preceitos da herança cristã, amaciados e edulcorados. Solução morna e tímida, combina-se em sentido inverso com o movimento em curso na própria Igreja, que procura se equiparar cada vez mais a uma entidade assistencial. O resultado é que os secularistas falam com contrição de eclesiásticos e os eclesiásticos querem se passar por professores de sociologia.

Muito diferente é o tom dos secularistas mais coerentes e rigorosos, como os *radicals* do início do século XIX inglês, exemplarmente representados por John Stuart Mill, que podia escrever sobre si mesmo com admirável franqueza: "Sou pois um dos raros exemplos, neste país, não do homem que abandonou suas crenças religiosas, mas do que nunca as teve. Fui educado num estado de negação com respeito a elas".[43] Situação bastante compreensível se pensarmos na educação que Stuart Mill recebera do pai, o qual não só começara a ensinar grego ao filho quando o pequeno tinha três anos de idade e o fizera ler todo o Heródoto aos oito, como também lhe inculcara alguns princípios que, a seu ver, deviam pertencer a todo *Homo saecularis*:

> Muitas vezes eu o ouvi dizer que todas as épocas e nações representaram seus deuses como seres perversos, em progressão constantemente crescente; que a humanidade foi acrescentando característica após característica até formar a mais perfeita concepção de perversidade que a mente do homem pôde conceber, chamando a esta de Deus e se prostrando diante dele. Este *ne plus ultra* da perversidade era, segundo meu pai, parte integrante do que normalmente é apresentado como o credo cristão.[44]

Assim falava o *Homo saecularis* no seu estado original e não adulterado.

Por séculos, os teólogos cristãos tentaram responder à pergunta mais séria: *Si Deus est, unde malum?* [Se Deus existe, de onde vem o mal?] E todas as respostas, uma a uma, foram consideradas inadequadas por um ou outro. Mas há também outra pergunta, não menos séria, que Leibniz formulou num paralelismo perfeito: *Si [Deus] non est, unde bonum?*[45] [Se Deus não existe, de onde vem o bem?]. As origens do mal e do bem são igualmente obscuras. Mas, de Agostinho ao próprio Leibniz, os que tentaram responder à primeira pergunta foram em geral grandes metafísicos; as respostas à segunda pergunta, porém, têm sido até agora rudimentares, quer provenham dos eloquentes defensores de uma moral laica — liderados pelo Monsieur Homais de Flaubert — ou de cientistas neodarwinistas, preocupados em encontrar uma concordância entre a evolução e os bons sentimentos.

O secularismo se define por via negativa, na medida em que ignora e exclui de si o que é divino, sagrado, os deuses ou o único deus. Uma vez realizada essa exclusão, pode-se incluir tudo no secularismo. Mas ele tem uma forma eminente que se distingue e quer se distinguir nitidamente de todas as outras. É o *secularismo humanista*, uma modalidade do pensamento que se importa com os seus princípios tanto quanto as religiões que o precederam. E presta contas de sua fidelidade não mais a seres transcendentes, mas a um ente definido como *humanidade*. Seríamos devedores a ela, segundo Charles Taylor, que dedicou umas mil páginas à *Idade secular*, por ter promovido a "prosperidade". Este termo, porém, tem um significado unívoco somente em relação ao Produto Interno Bruto. É fácil imaginar o riso do Homem do Subsolo de Dostoiévski se lhe perguntassem o que é a "prosperidade" humana. Além disso, o que é e como se compõe o mundo é uma questão que deveria ser posta à ciência, a qual, porém, oferece respostas sempre novas a esse respeito. O que, então, permanece fixo e intocável? Um certo número de regras: o predomínio dos bons sentimentos, definíveis como formas variadas de altruísmo; a tolerância em relação às ideias e comportamentos, dentro dos limites mais amplos possíveis; o respeito pelo princípio da maioria e por alguns procedimentos essenciais da democracia, como a divisão dos poderes. Tudo isso cria um conjunto que só pode ser definido como uma forma de religião, se por ela se entende — seguindo Latâncio e Tertuliano — um *vínculo* indissolúvel entre certos princípios e comportamentos. O secularismo humanista, portanto, não seria algo *posterior* e *contrário* às religiões, mas ele próprio uma forma de religião, que apenas em tempos recentes alcançou uma expansão planetária. Essa nova entidade é capaz de acolher em si as várias religiões e seitas existentes, assim como a Roma imperial acolhia o culto de Ísis ou de Mitra ou o dos hebreus siríacos. Sem excluir, porém, o uso da força para reagir a certas formas consideradas inaceitáveis, como o cristianismo dos primeiros séculos ou o islamismo fundamentalista de hoje. Na sua maneira de se manifestar, o secularismo humanitário (também chamado de *laïcité* na França) implica todas as possíveis nuances, da tepidez ao fanatismo agressivo, encontradas nas religiões anteriores.

O *Homo saecularis* é um produto complexo e refinado da evolução e da história. Mas isso não significa que ele saiba quem seja, nem que saiba o que é o mundo diante de si. Em todo caso, vale para ele o que o cavaleiro Sacramozo pedia no *Andreas* de Hofmannsthal: "Rogo-lhe que trate a minha alma com atenção".[46] Quando menos porque o *Homo saecularis* é feito de tempo e metamorfose. Seu aspecto mais atraente é a pura potencialidade, muito maior do que a dos seus antepassados. Agora poderia se mover em inumeráveis direções diferentes. Mas isso não quer dizer que ele as perceba. Poderia continuar também como um bom homem ignorante. Ao qual seria fácil imputar toda e qualquer espécie de crime. Mas, em sua defesa, cabe pensar o que seria do mundo ocidental se fosse governado pelos mais irredutíveis dissidentes internos, por aqueles que pregam a *emancipação radical* — o que quer que seja ela — e se propõem a *reinventar o comunismo*. Em terra de crédulos, prospera a impostura.

Dois mil anos depois de Cristo, o secularismo envolve o planeta. Não porque tenha derrotado as religiões, mas porque, dentre todas elas, é a primeira que não se dirige a entidades externas, mas a si mesma, enquanto visão justa e última das coisas como são e como devem ser.

Se o século XX foi o século da autorreflexão, esse caráter se manifesta também no fato de que a sociedade toma a si mesma como objeto que já englobe tudo, graças àquela arma invencível que traz o nome de tecnologia.

Com a secularização, o senso de religiosidade tende a se extinguir. E as próprias religiões, quando não se extinguem, tendem a se tornar partidos, grandes e pequenos. No fim, trata-se sempre de opiniões. Que poderiam coexistir e predominar alternadamente, sem se chocarem. Mas as opiniões podem se agudizar e se compactar. Transformam-se em armas contundentes. Então é possível voltar à guerra civil — forma atualizada da guerra de religião.

Se apartada do ambiente em que nasceu — a Florença quatrocentista de Poggio Brancciolini e Coluccio Salutati, além de Marsilio Ficino e Pico della Mirandola —, a palavra "humanista" pode soar ao mesmo tempo estridente e empolada. É a primeira palavra a que se recorre quando se pretende impor um programa bem-intencionado mas coercitivo. Taylor lhe acrescentou o adjetivo "autossuficiente", mas era uma especificação supérflua, ou útil apenas para impedir o exame dos pressupostos dessa forma de humanismo. Uma investigação que logo encalharia entre as *vague generalities*. Embora odeiem ouvir isso, é inevitável dizê-lo: os secularistas são indivíduos piedosos. E os humanistas seculares (como gostam de se definir nos Estados Unidos) poderiam ser os seus sacerdotes.

Especialmente incongruente é a pretensão de que os humanistas seculares mais se orgulham: libertar-se de qualquer fé. Agir para o bem de uma Igreja ou agir para o bem de uma sociedade; agir em vista do bem divino ou do bem da humanidade: são atos radicalmente distintos, mas unidos pela persistência de uma *fé*. E, se isso é suficiente para torná-los atos religiosos, todos eles devem ser considerados da mesma maneira.

Os antepassados setecentistas dos secularistas atuais sustentavam que tudo deveria retornar à matéria, se se quisesse encontrar explicações plausíveis. Mas essa operação se tornou cada vez mais desconcertante e impraticável, já que nenhum cientista se arrisca mais a dizer o que é a própria matéria. Removida a matéria, que se revelou um pântano de areia movediça, tentou-se (e ainda hoje se tenta, obstinadamente) recorrer a outro *primum* inabalável: a evolução.

Foram inúmeras as tentativas de derivar da evolução a necessidade e a justeza dos bons sentimentos — sobretudo do altruísmo. O bem da evolução se tornava o bem de uma só espécie, mas esse deslizamento terminológico, segundo alguns, não afetava a validade científica das teorias. Estas, porém, penavam para ser articuladas. Mesmo porque a teoria da evolução serviu, ao longo dos anos, de fundamento para as mais ferozes ou bem-intencionadas extrapolações, umas e outras igualmente disponíveis e insuficientemente comprovadas. Mesmo as teorias eugenistas, aplicadas com grande zelo na civilizadíssima Escandinávia e não somente na Alemanha de Hitler, remetiam às teorias de Darwin. O propósito de fundar uma ética humanitária baseada na evolução permaneceu no estágio de um *wishful thinking*, como, aliás, todas as tentativas de fundar uma moral laica. É um carro fúnebre, perpetuamente acompanhado, anotou Baudelaire na Bélgica, pela "multidão de livres pensadores".[47]

Mas os secularistas puros, desprovidos de qualquer filiação religiosa e pouco propensos às obsessões espiritualistas, não conseguem renunciar à *necessidade de se sentirem bons*. O ideal deles seria algum biólogo neodarwinista demonstrar que a sociedade se funda, desde os primórdios, no altruísmo e na tolerância. E é por isso que ser bom constitui uma *vantagem evolutiva*, único critério com o qual podem medir o bem. A cada ano, algum obstinado tenta demonstrá-lo, em vão.

* * *

O mundo secular está disposto a seguir quaisquer teorias, principalmente se elas declaram ter bases científicas. Mas existem também as revelações, que o secularismo não sabe como tratar porque tem dificuldade em reconhecê-las. Simone Weil tinha essa capacidade e a exercia sem se deixar intimidar pela história: "O Evangelho é a última e maravilhosa expressão do gênio grego, tal como a *Ilíada* é a primeira".[48] Para chegar a afirmações como esta, o pressuposto era que a Grécia e os Evangelhos fossem duas revelações, independentes e não discordantes. Para mostrar como se dava tal reconhecimento, Weil recorria à metáfora da percepção de uma caixa cúbica: "Não há um ponto de vista pelo qual a caixa tem a aparência de um cubo: sempre se veem apenas algumas faces, os ângulos não parecem retos, os lados não parecem iguais. Ninguém jamais viu, ninguém jamais verá um cubo. Por razões análogas, ninguém jamais tocou nem jamais tocará um cubo. Se se rodeia a caixa, gera-se uma variedade infinita de formas aparentes. Nenhuma delas é a forma cúbica".[49] Ao mesmo tempo, sabemos muito bem que a forma cúbica constitui a unidade de todas as formas mutáveis. E "também a verdade delas",[50] acrescentava Weil, que a considerava um dom divino, para o qual na nossa sensibilidade já vinha "encerrada uma revelação".[51] A partir dessa revelação, seria possível captar todas as demais. Por isso a *Ilíada* podia ser uma revelação à qual se ligava o Evangelho — ou mesmo o *Bhagavad Gita*. Pareceria óbvio. Para o mundo secular, porém, a caixa cúbica *não existe*.

O *Homo saecularis* não é assim tão contrário às religiões em si. As religiões se assemelham às ideologias — com as quais ele está habituado a se relacionar diariamente. Quem se diz cristão não deve ser muito diferente de quem se diz vegetariano. São todos grupos, comunidades, confrarias. Pode-se ser comunista — como também fisioculturista. Toda escolha deve ser respeitada. São todas minorias. Nichos. Aquilo que o *Homo saecularis* não consegue captar, porém, é o divino. Ele sabe situá-lo. O divino não se encaixa na ordem das coisas. Das suas coisas.

Divino e *sagrado*: o que acontece se alguém pouco propenso a abraçar alguma religião reconhece essas duas palavras e tem uma experiência pessoal delas, não menos intensa do que a de um fiel? Terá de admitir que essas duas palavras indicam algo que subsiste em si, antes e fora de qualquer culto. E já isso convida a desfazer o invólucro protetor e sufocante constituído pela superstição da sociedade.

O divino é aquilo que o *Homo saecularis* anulou com cuidado, com insistência. Suprimiu-o também do léxico *daquilo que é*. Mas o divino não é como uma rocha, que todos inevitavelmente veem. O divino deve ser reconhecido. E o reconhecimento é o ato supremo em relação ao divino. Ato esporádico, momentâneo, não transponível num estado. *Incessu patuit dea*,[52] o divino é como a passagem de uma deusa, que se mostra e imediatamente segue adiante. O divino é uma cintilação descontínua, que remete a algo completo e contínuo. Para o *Homo saecularis*, tudo isso era evanescente e contrário à fisiologia que elaborara em si mesmo. Agora era inútil dirigir seus desejos naquela direção. Entre todas as variedades de *Homo saecularis*, apenas os membros da Sociedade dos Amigos do Crime, referidos por Sade, sabiam atingir desejos precisos, circunstanciados e inequívocos.

Stuart Mill conta:

Desde o inverno de 1821, quando li Bentham pela primeira vez, e, especialmente, desde o começo da *Westminster Review*, eu tinha o que pode ser chamado, com verdade, uma meta na vida: ser um reformador do mundo. A concepção de minha própria felicidade se identificava por inteiro com essa meta. [...] E assim eu me parabenizava pela certeza de ter encontrado um modo feliz de viver, ao situar minha felicidade em algo durável e distante, em algo que sempre admitia a realização de novos progressos, mas que jamais poderia ser esgotado pela consumação definitiva.[53]

Assim foi por cinco anos, "durante os quais a melhora que ia ocorrendo na condição geral do mundo e a ideia de que eu e outros estávamos engajados na luta para promover essa melhora pareciam suficientes para propiciar uma existência animada e interessante".[54] Até que um dia, prosseguia Stuart Mill, "despertei disso como de um sonho".[55] O que havia acontecido? Ele chegara a formular uma pergunta: "Supõe que todas as tuas metas na vida fossem realizadas, que todas as transformações que tu persegues nas instituições e opiniões pudessem ser efetuadas neste instante mesmo: seria isso motivo de grande alegria e felicidade para ti?".[56] Com consternação, Mill se deu conta de que a resposta era um sonoro: "Não!".[57] E então ele sentiu uma sensação aguda e desconhecida: "Todo o fundamento sobre o qual eu erguera a minha vida havia ruído".[58] De repente, tudo era "insípido e indiferente".[59] Seguiram-se meses de profunda depressão, que adentrou o inverno de 1826-7. Por fora, nada mudara. Stuart Mill continuava com a sua vida de intensa atividade:

Durante esse tempo não estive incapacitado de continuar com minhas ocupações usuais. [...] Estava tão adestrado em um certo tipo de exercício mental que eu podia levá-lo adiante ainda que seu sentido houvesse desaparecido. Cheguei inclusive a compor e pronunciar vários discursos na sociedade de debates. Como consegui fazê-lo e com que êxito são coisas que ignoro.[60]

Até hoje Stuart Mill é considerado um dos luminares do progressismo. Mas nenhum progressista, laico ou religioso, teve a capacidade e a lúcida ousadia de se fazer a pergunta que ele, em sua destemida integridade, fez a si mesmo — e que o levou a um estado que só vira descrito em Coleridge: "Uma aflição sem dor, vazia, obscura e lúgubre".[61]

Todo o mundo secular e democrático se funda no livre-arbítrio e na fé na ciência. Mas a ciência não dá nenhum sinal de acreditar na existência do livre-arbítrio. Pelo contrário, com base em diversos argumentos e experimentos, nega-o. A vida pública, por outro lado, segue adiante como se nada fosse. Do contrário, os sistemas judiciário, administrativo, político, econômico deixariam de funcionar no mesmo instante. O dilema é tão grave que não é reconhecido.

A partir de Libet até Wegner e Chun Siong Soon, os experimentos em geral citados para corroborar a negação do livre-arbítrio se referem a *decisões*, como apertar ou não apertar um certo botão. Mas o momento da decisão *motora* é apenas uma pequena parcela do contínuo consciente. O que acontece num estado de imobilidade, como o de alguém sentado numa poltrona, ou insone, ou contemplativo, ou lendo uma página? A ciência só pode oferecer dois tipos de resposta: neurônios que disparam cargas elétricas ou eventos subatômicos. Como estabelecer que esses eventos ocorrem alguns milissegundos antes da sua contraparte consciente, se não sabemos em que consiste essa contraparte? Em todo caso, como poderíamos traduzir esses eventos neurais em termos de consciência? Por intermédio de quê? Seria a cada vez um trajeto cujo ponto de partida pode ser definido com alta precisão, mas cujo ponto de chegada seria invariavelmente nebuloso.

Numa reunião acadêmica de alto nível, subentende-se não haver crentes — e todos aspiram ser decentes. Ninguém comunga nenhuma fé (salvo excêntricas exceções), mas todos compartilham alguns princípios elementares de juízo e comportamento. Mas se abre uma voragem tão logo se começa a indagar a base desse consenso. Nenhum outro grupo social apela com tanta frequência à liberdade (de pesquisa, de pensamento) e, ao mesmo tempo, é tão unânime em rejeitar o livre-arbítrio.

Absortos em pensamentos, reúnem-se com assiduidade sempre maior para debater as vicissitudes das religiões: estão em vias de extinção? Podem ser tratadas — finalmente — como resquícios? Devem ser confiadas à guarda de algum departamento universitário? Ou, pelo contrário, dão sinal de revigoramento e talvez estejam voltando em labaredas inconscientes? E como se explica essa insistência e resistência? As opiniões divergem e se entrecruzam, neutralizando-se. Têm em comum apenas a pouca disposição de tratar da substância das próprias religiões. Predomina a ideia de que devem ser consideradas um fenômeno social ao lado de tantos outros e, por isso, ser estudadas em sua influência sobre os comportamentos coletivos. O que elas dizem ser, afinal, parece de importância secundária. Enquanto isso, a um constante crescimento de outra coisa: a credulidade.

Uma linha divisória imprescindível entre secularismo e religiões consiste no ritual. Os secularistas não admitem que praticam regularmente e, às vezes, com periodicidade fixa, atos voltados a uma entidade exterior. Atos que requerem uma testemunha invisível. Para os secularistas, essa testemunha simplesmente não existe. E a própria palavra, "ritual", é associada a algo comemorativo, tedioso, ineficaz. Portanto, o exato contrário do que a palavra significava em outras civilizações.

Essa renúncia ao ritual — ou pelo menos a sua remoção para a periferia do existente — poderia ter como consequência um eufórico alívio dos atos obrigatórios. Mas não foi assim. Tácita, mas obstinadamente, o cérebro secular se resignou a pensar que não podia dispensar os atos repetidos e rigorosamente formalizados, não só nos locais onde ainda têm eficácia reconhecida, por exemplo, na esfera jurídica, mas em todos os âmbitos da existência, inclusive em seus recessos mais íntimos e ocultos. A ritualidade expulsa acabou por reentrar na sociedade, penetrando em suas mais remotas veias capilares. A vida secular está cada vez mais permeada de situações em que é preciso se comportar *de um certo modo*, como que passando de um a outro formato televisivo. Regras e maneiras canônicas se propagaram por todos os lados — e tendem a se tornar cada vez mais sutis e diferenciadas. Mas nada nelas se volta a qualquer coisa exterior à própria sociedade. São, a cada vez, afirmações tautológicas, que reafirmam o existente, como certos ritos arcaicos reafirmavam a reverência perante a divindade.

Para algumas das maiores empresas, como o Google, a substância que se transforma em dinheiro e lhes dá alimento não é mais o petróleo, mas a propaganda. Sua extraordinária relevância econômica, que é a face exotérica da propaganda, não deve, porém, desviar-nos da contemplação de sua face esotérica, que é a repetição. Para a propaganda, a repetição é essencial, tal como os atos rituais. Ela garante a constância do significado. E é precisamente essa tarefa que a sociedade delegou a ela. Não é pouco; aliás, é uma função que funda o sentido de cada ato. Por isso a meta esotérica da propaganda é uma incessante expansão e reiteração das imagens e das marcas, que se infiltram em cada alvéolo do espaço psíquico. E, se não estivessem a postos, tudo poderia parecer enfadonho ou informe. No entanto, é uma cerimônia ininterrupta, à qual não se pode escapar. Um processo que culmina e encontra sua chancela nas redes sociais, em que a autoexposição espontânea do indivíduo corresponde a uma obrigatória contrapartida publicitária. Como se o que aparece não pudesse ser de forma alguma apartado da publicidade.

Lembro de um programa de variedades na televisão italiana. A apresentadora devia fazer perguntas a três moças, uma das quais interiorana, gorducha, graciosa, vazia. "O que você gostaria de ser?", lhe perguntou a apresentadora. "A propaganda", a jovem respondeu. "E por quê?" A moça logo respondeu: "Porque todo mundo vê". Seguiu-se uma salva de aplausos rituais na escuridão da plateia. Falara o *Zeitgeist*.

O que separa secularistas e religiosos, se mesmo os secularistas são fiéis a suas crenças e respeitam certa ritualidade, ainda que fragmentada e idiossincrática? Certa qualidade da percepção. Os secularistas estão para os religiosos assim como os turistas estão para os nativos. Curiosos, interessados, às vezes apaixonados, frequentemente impressionados. E sempre acompanhados por um pensamento tranquilizador: voltar para casa. Os secularistas são muito mais disponíveis e flexíveis, se comparados aos nativos. Além disso, estão sempre prontos a passar, sem transição, à visita de *outros* nativos, ainda mais longínquos. Mas aquilo que veem nunca é *a coisa* que os nativos veem — e poderia ser (quem poderia dizer?) a *coisa última*. Isso, pelo menos, se a noção de *nativos* já não for uma encenação degradada e montada para receber visitantes estrangeiros, visto que agora se encontram nativos quase exclusivamente em livros ou em locais onde são obrigados a celebrar rituais para turistas radicais. Resta outra possibilidade: recuar no tempo, às vezes rumo a entidades remotas, acessíveis apenas por meio de textos que sobreviveram. Ou juntar-se a uma caravana védica. E então não haveria turistas.

O *Homo saecularis* é inevitavelmente turista. E não só quando viaja. Zappings e links compõem uma ampla parcela da sua vida mental. São operações preexistentes, que um dia assumiram a configuração indicada por esses dois termos. Bouvard e Pécuchet já as praticavam, sem precisar recorrer a nenhum suporte técnico.

O *Homo saecularis*, se não viaja a negócios e não é um imigrante, a polícia de fronteira só pode classificá-lo como turista. E isso o incomoda. Ele gosta de observar os turistas, e também de depreciá-los. Não quer ser confundido com eles. Nesse constrangimento do *Homo saecularis* se revela uma obscura premonição da sua própria inconsistência. Com efeito, se não é turista, o que mais poderia ser? E turista é uma categoria supranacional, planetária, indiferenciada, como de fato é o *Homo saecularis* em geral. Mas aí essa definição abarca uma comunidade grande demais, que anula qualquer singularidade. E, para o *Homo saecularis*, o último refúgio é sentir-se especial.

Na primeira das épocas modernas — a idade alexandrina — começaram a aparecer os "cosmopolitas", assim chamados porque se comportavam como os mercadores, passando de um lugar ao outro e de uma tribo à outra sem mudar nada de essencial em seu modo de ser, mas adaptando-se aos costumes locais, segundo as circunstâncias. Alguns antipatizavam com eles e lhes lançavam olhares desconfiados, justamente por causa de sua disponibilidade de conviver com as mais diferentes tribos. Em certos lugares e períodos, voltavam a ficar na sombra. Não eram apreciados. Mas em épocas mais recentes, primeiro na Europa e depois nas Américas, eles reapareceram com o nome de "turistas". E, quase surpreendendo a si mesmos, perceberam que estavam se alastrando. Eram uma lenta e invencível maré, uma tribo que tendia a englobar em si todas as tribos. Não estavam ligados a um território e se reconheciam sem dificuldade nos mais diversos continentes. Comunicavam-se entre si, antes de mais nada, por usarem os mesmos procedimentos. Quanto ao resto, nem mesmo seus pensamentos podiam ser muito diferentes. Eram todos turistas.

Escondidos entre os secularistas e sempre em número exíguo, restam os *analogistas*. Para estes, os demais secularistas se dividem em seitas, que eles conhecem bem, mas pelas quais não se sentem atraídos. Os *analogistas* sempre existiram. Procuravam as *signaturae rerum* e também as encontravam ao passar de um continente a outro. Foram os primeiros a não se ater estritamente às proibições tribais, cujos significados reconheciam e, algumas vezes, interpretaram. Chamavam os ṛṣi de "gimnosofistas", "sábios nus", e sabiam que seus pensamentos convergiam. Foram os primeiros a entender que o pensamento não dependia da sociedade, e sim que a sociedade dependia do pensamento. Isso levantava suspeitas sobre eles. Quem os abominava lhes atribuía o *foetor gnosticus*. Encontravam-se entre cristãos e pagãos, entre judeus e árabes, entre iranianos e indianos. Nunca eram numerosos, mas podiam ser reconhecidos, embora frequentemente se disfarçassem. Algumas vezes tiveram acesso aos *arcana imperii*, ou melhor, chegaram a comandá-los. Outras foram expulsos como inimigos dos mais insidiosos. Gostavam de contemplar, mais do que de agir. Mas, para alguns, o reticulado de certas ações, mesmo políticas, tornou-se objeto de contemplação. Foi o que ocorreu, por exemplo, com Leibniz. Não pregavam, não convertiam. Mas falavam e escreviam. Contavam com o puro poder da palavra, com sua capacidade de encaminhar o coração alheio para um novo Oriente. Era impossível desiludi-los, pois nada esperavam do mundo. Satisfaziam-se com a sua investigação, que nunca tinha fim. Daumal foi um exemplo luminoso de analogista e estava bem consciente disso. A obra da sua vida, necessariamente incompleta, foi *O Monte Análogo*.

Até recentemente, quando o cidadão americano tinha de especificar sua religião em algum documento, caso fosse um secularista, só dispunha de duas saídas: declarar-se *ateu* ou *agnóstico*. Mas declarar-se "ateu" sempre carrega algo de drástico e determinante, ao passo que "agnóstico" é inevitavelmente brando e vago. Não faltaram os insatisfeitos com as duas definições. Assim aflorou um acrônimo, pois agora um mero acrônimo é garantia de existência: SBNR (*Spiritualized But Not Religious*, "espiritualizado, mas não religioso"). As projeções numéricas desse grupo variam, mas, em todo caso, são significativas. E se desenvolveu toda uma literatura para sustentá-lo. Assim como se discutem os LGBT, discutem-se também os SBNR. Também assim se constitui uma identidade, fênix do novo milênio.

Mas quem são os SBNR? Evidentemente, certos secularistas que não se encaixam em nenhuma das categorias disponíveis. Sem tolerar nenhuma religião, a ponto de negar o "religioso" em seu acrônimo — fato inusitado, pois que a própria natureza dos acrônimos é afirmativa —, os SBNR tendem a diluir parte da substância "religiosa" em outra categoria, de margens indefinidas: o "espiritual". Quem observa um glorioso crepúsculo e pensa que nele há *algo* mais do que ele vê já está plenamente inserido no "espiritual". E se moverá como apaixonado turista, embora não alcance a condição de "peregrino apaixonado", pois evita qualquer santuário.

Se o acrônimo SBNR contém uma adversativa e uma negação, é fácil deduzir que seus adeptos pretendem se opor muito claramente a alguma coisa. E essa coisa é a última letra: R de "religioso". Ao que parece, não querem de forma alguma ser considerados "religiosos". Para ser "espiritual", porém, é preciso alicerçar-se num *espírito*. Para os cristãos, o espírito é uma das três pessoas da Trindade; para os judeus, "o espírito de Eloim pairava sobre as águas"[62] desde o primeiro dia; para os islâmicos, tudo provém de um versículo corânico, onde o profeta diz: "O Espírito é o imperativo do meu Senhor".[63] Mas os secularistas, dos quais os SBNR fazem parte como uma nova seita, quando falam de "espírito", a que se referem? Na vulgata secular, o espírito simplesmente *não existe*, porque os secularistas se curvam diante do estado último da ciência. E a ciência *não precisa* do espírito. É uma palavra que não integra seu vocabulário. Como fazer, então? Será preciso subtrair uma parcela — não muito bem definida — de espírito ao "religioso", essa última letra do acrônimo que se quer tão obstinadamente manter à distância. É uma dissociação química que permanece extremamente obscura.

À imagem do turista costuma-se associar certa feiura e falta de jeito. Como se explicaria isso? O turista quer, antes de mais nada, *ter conforto* e se prevenir contra os assaltos no lugar que está visitando. Conforto implica certa displicência estética. Em geral, o turista não se atreveria a andar na sua cidade com as roupas que veste na cidade estrangeira. As oscilações climáticas não passam de mero pretexto. Dá para perceber na escolha das roupas um *animus* bem preciso: a afirmação enfática de seu estilo de vida, num lugar onde ele supõe que outros estilos possam desafiá-lo. A escolha dos ingleses coloniais, que à noite vestiam o *dinner jacket*, correspondia àquela que fora sua primeira decisão: envergar o equivalente do uniforme militar, deixar claro que se encontravam em terras ocupadas.

Os impérios coloniais desapareceram, mas permaneceu um profundo senso de estranhamento, além da hostilidade em relação ao que exerce atração. Freud sentia pânico em Roma devido aos rumores sobre os perigos da cidade. Com o tempo, para remediar tais constrangimentos, surgiu a ideia de que o turista é cidadão de um Estado composto por inúmeros enclaves que são enclaves de outros tantos Estados, onde finalmente os habitantes saem do choque permanente do estranhamento, fechando-se em condomínios e resorts. Lá, mesmo encontrando pessoas de outras nações, consideram-nas antes de mais nada membros de uma ampla entidade supranacional, à qual eles mesmos sabem que pertencem. Tudo isso tem muito a ver com a formação de uma categoria que acabou por se impor como normal. É a categoria da *carolice planetária*, contrapartida de todo fundamentalismo.

Quando descrevem algum lugar, as pessoas fazem questão de dizer se ele está intocado ou desfigurado pelo turismo. O turismo é tratado como uma doença de pele. Contudo, o turista ideal gostaria de visitar lugares não descaracterizados, assim como o terrorista ideal gostaria de operar em lugares não guarnecidos de medidas de segurança. Um e outro encontram algumas dificuldades. E precisam atribuir a culpa aos companheiros que os precederam.

* * *

A convergência de culturas em direção a uma unidade pode ser verificada no turismo e na pornografia. São mundos paralelos, governados por regras semelhantes. Máxima redução no repertório de gestos e ações codificadas. Mínimas diferenças no guarda-roupa e na decoração. Tendência a abolir preâmbulos e narrativas complicadas. Tudo obedece a sequências pré-fixadas. Ninguém ri. Executa-se. Não há dúvidas sobre a comunicação, em qualquer zona do planeta. E não há lugar para a dúvida nem no turismo, nem na pornografia.

Caminhar pelas ruas de uma cidade desconhecida, entregar-se ao acaso, vagar pelos locais que nos atraem. Hoje são costumes obsoletos, a que poucos prestam atenção. Ora, viajar significa ter um objetivo: o sexo é o mais claro, nitidamente circunscrito e pragmático. O objetivo vale como modelo para a novidade do turismo do novo milênio: o turismo do bem, também chamado de "*volunteer travel*". Assim como *se faz* sexo, *faz-se* o bem. Obedece-se a três regras fundamentais: "Explorar o mundo de modo significativo", com isso subentendendo que a simples viagem para conhecer certos lugares não parece dotada de suficiente significação. Segunda regra: "Viajar sem ser um turista". O novo turista se envergonha de ser turista e se disfarça de alguma outra coisa. Terceira regra: "Não ser apenas um observador". Além de trazer vídeos e fotos, os turistas voluntários voltam para casa sobrecarregados de boas ações. O mundo secular ignora a graça, mas continua a sentir uma aguda necessidade de *se salvar*. A única outra via é a benemerência, que vai desde a educação das crianças nativas ao salvamento das tartarugas, e que culmina numa "doação". Assim se evita o constrangimento da esmola dada a desconhecidos. Agora a "doação" é destinada a nativos conhecidos. Tudo deve ser "significativo". Do contrário, o puro entretenimento, ao qual, em todo caso, dedica-se a parte da viagem, ficaria desequilibrado, censurável, insípido.

O mecanismo tende a ser autossuficiente: as crianças nativas às quais os turistas voluntários ensinam alguma coisa tendem depois — eles garantem — a se tornar parte da organização e a instruir os futuros turistas voluntários. Assim se fecha o círculo, sem contato com o mundo externo, que permanecerá sempre ignorável. E é um jogo em que todos os jogadores estão convencidos de ganhar alguma coisa: a agência que promove, os turistas voluntários, os nativos e as tartarugas. Entre os patrocinadores, destaca-se a Fundação Bill e Melinda Gates. Ninguém haverá de objetar, se não quiser receber olhares atravessados. Mas faltará algo? Dificilmente os turistas voluntários serão tocados por "uma sombra fugidia de prazer".[64]

"O século seguinte iria admitir somente dois tipos, duas constituições, duas formas de reação: os que agiam e miravam o alto e os que se calavam e esperavam a metamorfose — criminosos e monges, não haveria mais nada".[65] Assim profetizava o Ptolomeu de Benn. De criminosos não há escassez, os monges são invisíveis, mas talvez sustentem até hoje a ordem do mundo, como os Sete Videntes védicos ou os sábios ocultos da Cabala. Todavia, os que se dão a ver são dois outros tipos: turistas e terroristas.

Turistas, terroristas: categorias ubíquas, magnetizantes. Atraem por força própria. Mas há também quem sirva de contrapeso, ainda que leve: os refratários, os intolerantes. E sempre houve: um certo número — não alto — de seres que conseguem passar entre as malhas das classes, das corporações, das barreiras sociais. Que se tornam apátridas e extraterritoriais por vocação. Não por má vontade em relação a seus congêneres, mas por fidelidade a certa embriaguez do anonimato e pela incapacidade de se sentirem ligados a papéis definidos. São os contemplantes ocultos e não reconhecidos, que habitam desde sempre as fendas da sociedade. Na Índia védica se falava dos *vanaprastha,* os que vão "para a floresta". Quando não há mais floresta, circulam nos caminhos de todos, mas se percebe, por certa luz nos olhos, que *não fazem parte.*

Se os turistas são vistos com certo constrangimento e um gesto de reprovação, é a humanidade que olha a si mesma e desconfia que perdeu alguma coisa. Não se sabe bem o quê, mas sabe-se que é irrecuperável. Alguém disse que, com a democracia, estende-se a todos o privilégio de ter acesso a coisas que não existem mais.

O turismo já escapou do controle e não necessariamente é associado a viajar. Pelo contrário, apresenta-se como uma realidade segunda, que acaba sendo o modelo da realidade virtual. Diminuída, justamente por ter aumentado, como toda realidade virtual. Se for verdadeira a declaração de Chalmers — "não estamos distantes do momento em que uma realidade virtual poderá não se distinguir de uma coisa real"[66] —, devemos também reconhecer que o turismo não é mais um setor florescente do mundo, mas o mundo todo se tornou um setor sobrevivente do turismo. Isso reverbera sobre tudo o que o turismo *não é.* E que agora se revela, ele também, diminuído, além de aumentado.

Há frases letais, que dizem muito mais do que gostariam de dizer. Assim, no epílogo da sinopse de seu próximo livro, Chalmers anuncia o futuro próximo com um rufar de tambores: *Mind starts bleeding into the world*. "A mente começa a se esvair sobre o mundo", mas também "A mente começa a sangrar sobre o mundo".[67] Chalmers se refere à primeira acepção. A segunda é o que acontece. Para os teóricos da realidade virtual, um tormento contínuo é estabelecer a diferença entre realidade virtual e realidade comum. Searle observou que um furacão virtual não molha — e num primeiro momento a observação pode parecer decisiva. Responderam-lhe que, assim como as palavras podem ter múltiplos significados, os furacões virtuais podem se distinguir dos comuns, mesmo continuando a ser furacões na experiência de quem os sofre.

Mas são consolos modestos. O verdadeiro divisor de águas é outro. A realidade virtual está concentrada em combater um único inimigo: Ananque, a Necessidade. seu objetivo é evitá-la, anulando-a. Até que um dia... Nesse dia, talvez não muito distante, mesmo um atentado virtual poderá fazer *sangrar* a mente sobre o mundo.

Com seu visor saliente, destinado a ser miniaturizado, como tudo, e por fim substituído por chips endocrânicos, o frequentador da realidade virtual, também chamada *realidade aumentada*, é um descendente direto do turista em busca de experiências extremas. Ambos operam uma suspensão temporária do irreversível. O primeiro sabe que pode retirar o visor a qualquer momento; o outro sabe que mais cedo ou mais tarde voltará para casa. Suspender o irreversível implica escapar da entropia. O jovem Buda seguiu a via inversa. Deixou a casa do pai, que parecia refratária à mudança, para encontrar o irreversível em sua tripla face da doença, da velhice e da morte. Para ele, foi esta a *realidade aumentada*, mas Buda disse apenas que era a realidade *tatha*, "assim". E ensinou a ver a *tathata*, o "ser assim" daquilo que é.

A ideia da expansão planetária do Ocidente não nasce com a globalização econômica, mas com um projeto que Leibniz submeteu aos poderosos que de tempos em tempos lhe pareciam mais afins: Luís xiv, Carlos xii, Pedro, o Grande. Mais do que uma conquista política e militar, devia ser a elaboração de uma convergência especulativa. Os jesuítas na China consistiam na patrulha de reconhecimento dessa estrada. E Leibniz escreveu a um deles, Père Verjus, para detalhar como pretendia proceder. O que poderia causar "uma grande impressão ao Imperador da China e a certas pessoas inteligentes daquele país"?[68] A numeração binária. Essa descoberta de Leibniz, que depois se tornou o instrumento indispensável com o qual a informática opera e, por isso, também o suporte do funcionamento planetário no início do século xxi, já estava presente nas linhas contínuas e partidas dos hexagramas do *I Ching*, que Leibniz chamava, ao modo dos jesuítas, de "caracteres de Fohi"[69] — imperador lendário — e faziam parte de uma revelação primordial. Os hexagramas serviam para que o consulente desses oráculos, que estão nos fundamentos da China, entendesse o estado e o movimento das coisas. Para Leibniz, porém, a numeração binária foi uma descoberta matemática entre várias outras.

Mas Leibniz não se iludia pensando que a numeração binária daria conta de estabelecer um *communicatio idiomatum* entre o Ocidente e a China. Sabia muito bem que havia incompatibilidades teológicas radicais. E a primeira delas era a ideia cristã da criação a partir do nada. Assim, a numeração binária poderia servir, antes de mais nada, para abrandar os contrastes, mostrando que também havia pontos de concordância: "Pode servir para tornar mais aceitável um dos grandes artigos, certamente não dos mais fáceis, da nossa religião e da nossa metafísica, que sustenta que Deus e o nada são a origem de todas as coisas, que Deus criou tudo a partir do nada".[70]

Os projetos planetários de Leibniz não resultaram em nada e enterraram-se na correspondência entre doutos e em documentos diplomáticos. Mas o Ocidente não perdeu sua tendência à expansão, englobando todos os possíveis bárbaros, em geral pertencentes a antigas e altivas civilizações, os quais, porém, só eram vistos como material a ser plasmado e utilizado, criando assim uma espécie de perene abalo sísmico. Leibniz tinha uma visão clarividente daquilo que convergia e ainda teria de ser desenvolvido — e total lucidez sobre os possíveis choques teológicos. A *creatio ex nihilo* era, de fato, o que havia de mais estranho às concepções cosmogônicas da China. E Leibniz queria usá-la para verificar as possibilidades de entendimento com o imperador chinês.

Hoje encaramos os projetos de Leibniz com olhos condescendentes. Todos sabem que as coisas tomaram outro rumo. Expandindo-se, o Ocidente produziu, entre uma infinidade de outros resultados, também certo embrutecimento do pensamento, o qual, em vez de se ampliar, reduziu-se a seus termos mais grosseiros. Se fosse possível entrelaçar novamente o fio de Leibniz na rede do que acontece, no início notaríamos apenas uma diferença mínima, que no entanto poderia se agigantar caso pudesse, por algum efeito improvável, propagar-se no todo.

Não consta que o imperador da China tenha se impressionado com a numeração binária. Ele nada disse. A resposta chinesa a Leibniz se manifestou dois séculos depois, por meio da inteligência extraterritorial de René Guénon: "Temos a impressão de ver os chineses sorrindo diante dessa interpretação bastante pueril, que em vez de sugerir 'uma elevada ideia da ciência europeia' lhes permitia avaliar seu alcance real. A verdade é que os chineses nunca 'perderam o significado', ou melhor, os significados, desses símbolos; simplesmente não se sentiam obrigados a explicá-los ao primeiro que chegasse, principalmente se considerassem que seria trabalho perdido; e, no fundo, Leibniz, ao falar de 'não sei quais significados distantes', confessa não entender nada da questão. São esses significados, ciosamente preservados pela tradição (que os comentários se limitam a seguir fielmente), que constituem a 'verdadeira explicação', e nada têm de 'místico'; mas existe prova melhor de incompreensão do que tomar os símbolos metafísicos como 'caracteres puramente numéricos'? Símbolos metafísicos: é isso que são essencialmente os 'trigramas' e os 'hexagramas', uma representação sintética de teorias que podem ter desenvolvimentos ilimitados, além de múltiplas adaptações, se, em vez de ficar na esfera dos princípios, forem aplicadas a esta ou àquela ordem determinada. Leibniz se surpreenderia se lhe dissessem que até sua interpretação aritmética encontrava lugar entre os significados que ele rejeitava sem conhecer, mas somente num nível subordinado e acessório; com efeito, sua interpretação não é falsa em si, é compatível com todas as outras, mas é absolutamente incompleta e insuficiente e, tomada isoladamente, é desprovida de significado; ela apresenta algum interesse apenas graças à correspondência analógica que liga os significados inferiores ao sentido superior, com base no que dissemos sobre a natureza das 'ciências tradicionais'. O sentido superior é o sentido metafísico; o resto são aplicações variadas, mais ou menos importantes, mas sempre contingentes". Sobre essas "aplicações variadas"[71] funda-se o funcionamento do mundo, tanto no Ocidente quanto na China, três séculos depois de Leibniz.

A confluência entre o *digital* e o *digitável* causou — e continua causando — uma gigantesca perturbação psíquica que ninguém seria capaz de conter. O saber assume a forma de uma única enciclopédia em perene e proliferante expansão, a princípio digitável. Enciclopédia que justapõe informações impecavelmente verídicas e informações infundadas, ambas acessíveis e no mesmo plano. O que é digitável pertence ao que é familiar, por isso tratável com afetuoso desleixo. O saber perde prestígio e surge como que feito de vocábulos* — vocábulos no sentido de verbetes de uma enciclopédia e no sentido de vozes errantes, incontroláveis, *boatos*. O aspecto mais fascinante — e potencialmente fecundo — dessa enciclopédia absoluta é o *caos algorítmico*, por meio do qual as conexões, depois de superadas as mais prováveis, tornam-se sempre mais arbitrárias e equívocas, como se supõe que ocorra numa rede neural. É um convite para entrar numa floresta que é ao mesmo tempo mental e visível numa tela. Mas isso não acontece. Pelo contrário, assim se confirma a aleatoriedade do conhecimento em geral.

Ademais, há outro aspecto, não menos desestabilizador, da *disponibilidade informática*. Todos se viram capazes de produzir, sem nenhum vínculo, palavras e imagens virtualmente divulgáveis por toda parte, para um público ilimitado. Foi o que bastou para criar um delírio de onipotência difuso, mas não mais como fenômeno clínico. Pelo contrário, como enriquecimento da normalidade. A mitomania passou a fazer parte do bom senso.

A transposição do universo para a forma digital e sua disponibilidade ao toque do dedo são fatos sem precedentes na história do *Homo sapiens* e tocam as regiões mais recônditas e obscuras da sua vida mental, que se podem contrapor, como num reflexo especular, àquelas regiões que os teatros mnemotécnicos tentavam alcançar. Só é possível compreender o que vem acontecendo nos primeiros anos do terceiro milênio dentro desse maremoto em curso.

---

* *Voci* significa, em italiano, "vozes", "rumores", e também "vocábulos", "verbetes" — daí o duplo sentido no texto. (N.T.)

Transbordantes de nobres sentimentos, os humanistas seculares olham o passado como Khruschóv olhava as inúmeras vítimas de Stálin. Como ele, parecem dizer: "Tenham paciência, vamos reabilitar todos". Mas há outras coisas a inquietá-los, uma potência que criaram em casa, modesta, solícita: a informação. Agora ela levantou sua cabecinha e os fita com um olhar frio e penetrante, como se dissesse: "Não preciso de vocês". Multiplicando-se sem trégua e em todas as direções, os fragmentos informáticos se revelam, por fim, autossuficientes e capazes de se expandir sem recorrer a nada externo. Não precisam ser pensados: são os Big Data, que pensam e administram aqueles dos quais se originaram. Se a inteligência é aquilo que se encontra nos algoritmos, então seu lugar privilegiado não será mais a mente. Pelo contrário, a mente tenderá a se tornar o material ao qual se aplicam esses algoritmos. A informação tende não só a substituir o conhecimento, mas também o pensamento em geral, aliviando-lhe o peso de ter de elaborar e comandar continuamente.

Cercando o pensamento, a informação tende a sufocá-lo. É uma ampliação de Hermes, que ao mesmo tempo mutila o perfil do deus, anulando sua função de psicopompo e guia ao reino de todo o invisível. O que subsiste é um Hermes zombeteiro e trapaceiro, pródigo em dádivas envenenadas. A primeira delas é a promessa de se livrar dos intermediários, operação que finalmente permite desafogar a impaciência com a representação.

Sempre houve alguém disposto a menosprezar a representação. Ou, pelo menos, a ficar furioso quando ouve que toda representação é uma falsificação e não faz justiça à singularidade do representado. Mas há também quem tenha observado, com olhar sóbrio e lúcido, que somos feitos assim e que toda representação deve ser entendida como uma mediação. Isso, por sua vez, despertou certa desconfiança e suspeita em relação a qualquer elemento ou indivíduo que aja como intermediário. Pois era precisamente aí, segundo alguns, que se aninhava o engano e a eventual traição.

Até que um dia, no alvorecer do mundo digital, surgiu um termo cativante: *desintermediação*. Agora bastaria digitar certas palavras em sequência, e qualquer um teria a impressão de estar agindo diretamente, sem recorrer aos habituais e enfadonhos intermediários. Se isso valia para uma viagem ou uma reserva de hotel, por que não valeria também para a política? Essa pergunta desconcertou não poucas pessoas — e continua a desconcertar, tanto mais porque a digitalidade perpassa tudo e a desintermediação oferece a cada passo uma embriaguez fácil. Observada de perto, ela se revela fundada no ódio pela mediação, que é fatal para o pensamento. Não é preciso recorrer a Hegel para saber que não só o pensamento, mas também a percepção subsistem apenas graças à mediação, isto é, com contínuos ajustes e concessões, que são a própria obra da mediação. Mesmo o devaneio da democracia direta já não deriva de uma reflexão política, e sim da paixão informática. Esta, desprezando a mediação, acaba por desprezar o imediatismo, que só pode ser alcançado depois de se atravessar a rede de mediações.

Se a inteligência foi absorvida em algoritmos não conscientes que, porém, funcionam com maior eficácia do que a mente — descrição sucinta da revolução informática —, não é difícil imaginar, como passo seguinte, que a *consciência* sofrerá algo semelhante. Mas é precisamente aqui que se encontra um obstáculo imprevisto. A inteligência pode ser concebida como uma sucessão de estados descontínuos, em princípio simuláveis também fora da mente. Mas e a consciência? Apesar da enxurrada de textos sobre o tema, é inevitável chegar a uma observação paralisante: ninguém sabe do que é feita a consciência. E não só não sabemos, como todo o aparato que deveria nos permitir vir a saber, como por exemplo a fMRI [imagem por ressonância magnética funcional] ou a microscopia tridimensional, só aumenta nosso senso de inadequação. Todavia, estamos convencidos de que a consciência é uma entidade presente em todos os seres humanos, embora tenhamos alguma dificuldade em prová-lo; já para a inteligência, somos capazes de oferecer inúmeras comprovações. A consciência é a barreira invisível contra a qual colide a informação. É o único revés que essa potência habituada a se propagar em todas as direções terá de aceitar. E que obviamente continuará pronta a se propagar, apesar de todos os reveses.

Descendentes desviantes e disruptivos dos humanistas seculares, os transumanistas — legião compósita que se reúne sob a bandeira da *Singularity* de Ray Kurzweil — convenceram-se de que a morte é um preconceito de que precisamos nos libertar. Nisso não diferem dos social-democratas clássicos, segundo os quais todos os problemas têm solução, desde que se disponha de uma razoável quantidade de tempo para resolvê-los. E já aqui se dividem as águas do pensamento. A descoberta capital de Gödel foi demonstrar que certos problemas *jamais* terão solução. A questão é identificar quais são esses problemas. Que o primeiro entre todos tenha sido a aritmética pode até indicar que se tratará de questões fundamentais. E nada é mais fundamental do que a morte.

Mas os transumanistas não se deixam intimidar. Acreditam ter um bom trunfo para todas as jogadas: a tecnologia, associada à credulidade. Para eles, mais do que pensar, trata-se de agir. É essa miragem que buscam, impacientes, lúgubres e exultantes. Miragem obliquamente ligada à daqueles que, na antiguidade, queriam transformar as realizações do espírito em outros poderes.

Embora amputados do senso do divino, os transumanistas sentem intensa atração por aquilo que o religioso, na variedade de suas manifestações, prometia. E era sempre uma espécie de salvação. Esta, porém, não deve mais se deixar encerrar numa forma ritual, mas tornar-se palpável. Doloroso equívoco — manipular o invisível. Ele escapa e se retrai.

Com o aparecimento dos transumanistas, os secularistas revelaram a meta que sempre tiveram: não abandonar o religioso, mas incorporá-lo, usando-o para os próprios fins. Tal era seu plano oculto, que agora finalmente pode se tornar explícito, graças ao socorro da tecnologia. Antes faltavam os meios.

Depois de exatamente um século, passou-se do dadaísmo ao dataísmo, de Dadá a Big Data. E há quem sustente que o Big Data suplantará o Sapiens e o arrastará como a um graveto no poderoso fluxo informático. Então estaremos próximos de saber quase tudo o que não nos importa saber. Mas algoritmos futuros certamente saberão tirar proveito disso.

Pode ser que algum dia se considere o dataísmo um desvario, como a doutrina do Reverendo Jones. Mas esse dia não está próximo. Não só grande parte do que acontece caminha nessa direção, como uma parte não pequena dos humanos gosta disso. Claro que há quem anseie por uma nova "religião" e se sinta satisfeito se lhe dizem que "o supremo valor dessa nova religião é o 'fluxo de informação'".[72] A essa altura, o *Homo saecularis*, com seus nobres valores humanistas, se sentirá obsoleto como um carola de antigamente.

O Dadá foi o momento da desconexão universal, reivindicada e buscada por meio de uma corrosão sistemática do significado (e isso correspondia a uma desconexão em curso, que estava se realizando nos anos 1914-8). O Dataísmo é o momento da conexão forçada, que suprime tudo o que lhe escapa e da qual o sujeito se torna um orgulhoso e insignificante soldadinho de silício num exército cujo Estado-Maior ninguém sabe onde fica — e se existe.

O *Homo* se torna imensamente mais poderoso se simula a si mesmo, imitando-se de modo incompleto e defeituoso. Se, ao contrário, conseguisse produzir cópias idênticas, permaneceria como é. E esta é a sua suprema estranheza. A máquina de Turing é tão poderosa porque imita o processo mental como se fosse uma sucessão de estados descontínuos, coisa que ele não é. E o próprio Turing esclareceu isso.

A palavra fundamental nesse campo é *simulação*. E é muito significativo que, entre os transumanistas, haja quem a substitua por *emulação*, inclusive desenvolvendo, como Randal Koene, um "*emulation project*".[73] A intenção desse lance é eufemística, pois assim é possível anular a conotação de *falsidade* indissociavelmente ligada à simulação. Mas, na verdade, a questão se agrava em vez de melhorar, porque a emulação ressalta o caráter competitivo da imitação. E, com isso, a sua violência implícita. O emulador é o mais terrível inimigo, porque sua meta é substituir quem lhe serve de modelo, não por sujeitá-lo, mas eliminando-o.

Sobre tais dogmas, segundo Harari, funda-se a religião do dataísmo:

De acordo com o humanismo, as experiências ocorrem dentro de nós e devemos encontrar em nosso interior o significado de tudo o que acontece, impregnando desse modo o Universo de significado.

Os dataístas acreditam que experiências não têm valor se não forem compartilhadas e que não precisamos — na verdade *não podemos* — encontrar significado em nosso interior. Só precisamos gravar e conectar nossa experiência ao grande fluxo de dados, e os algoritmos vão descobrir seu significado e nos dizer o que fazer.[74]

Harari, tal como Bentham, é daqueles que possuem o dom de dizer com uma clareza acachapante aquilo que muitos outros já pensam sem o saber — e que não ousariam formular. Esses seres são merecedores de gratidão, porque permitem saber exatamente com o que se está tratando.

Comparado ao velho Bentham, cuja capacidade de duvidar não era particularmente forte, o novo Bentham incorpora a dúvida em sua demonstração. Depois de descrever a inevitável culminância de tudo num "fluxo cósmico de dados",[75] Harari solta, como se nada fosse, uma observação letal: daqui a vinte anos, "talvez descubramos, afinal, que organismos não são algoritmos".[76] A frase é lançada de maneira displicente, mas suas consequências são destrutivas. Portanto, o dataísmo poderia ser um daqueles erros que têm vida longa: "Muitas religiões anteriores adquiriram enorme popularidade e poder apesar de seus erros factuais. Se o cristianismo e o comunismo puderam fazer isso, por que não o dataísmo?".[77] No entanto, continua difícil avaliar o cristianismo nos termos de seus "erros fatuais". A ausência de provas para a ressurreição da carne, talvez?

Mas as verdadeiras sugestões esotéricas vêm em fila e são afiadas: "No passado, a censura funcionava bloqueando o fluxo de informação. No século XXI, ela o faz inundando as pessoas de informação irrelevante".[78] Teorema do qual decorre o corolário: "Atualmente ter poder significa saber o que ignorar".[79] É uma glosa a um novo Maquiavel — e como tal deve ser levada a sério.

Gregory Chaitin acabara de escrever algumas linhas enxutas e concisas sobre a aritmética binária: "Leibniz intuiu que a combinação de 0 e 1 tinha o poder de criar o universo inteiro, que é exatamente o que ocorre no caso dos computadores digitais modernos e em alguns outros setores da informação digital. [...] A nossa imagem do mundo se baseia inteiramente em 0 e 1. Basta combinar 0 e 1 para obter qualquer coisa".[80] E foi naquele exato momento que lhe caiu nas mãos a *Nature* de janeiro de 2004, em que Michael Nielsen, "coautor do fundamental e influente *Quantum Computation and Quantum Information*",[81] escrevia numa resenha: "Do que é feito o Universo? São cada vez mais numerosos os cientistas que suspeitam que, para responder a essa pergunta, é necessário atribuir um papel capital à informação. Alguns avançam a ponto de sugerir que os conceitos baseados na informação acabarão por se fundir com as ideias tradicionais como partículas, campos e forças, ou virão a substituí-las. Talvez o universo seja literalmente constituído de informação, dizem, uma ideia condensada com elegância no mote do físico John Wheeler: "*It from bit*" [Coisa feita de bit]. [...] São especulações ainda em fase inicial de desenvolvimento".[82]

Chaitin concordava. Mesmo sem se ter proposto a isso, Nielsen redigira naquelas linhas o manifesto da era digital, cuja suprema aspiração é chegar ao pleno e ubíquo domínio do *descontínuo*, servindo de emissário e plenipotenciário da *informação*. Naquele dia de 2004, eram sem dúvida "especulações ainda em fase inicial de desenvolvimento".[83] Um desenvolvimento que foi exuberante. Hoje, David Chalmers apresenta a sinopse de um novo livro intitulado *Its from Bits*. Evidentemente, o mote de Wheeler se tornou a bandeira de quem deseja atribuir a natureza inteira a uma só potência: o descontínuo. Expulso do "paraíso de Cantor", onde ainda reinava o contínuo, inclusive em seus aspectos mais desconcertantes, o *Homo* tentou construir para si um novo paraíso, habitado apenas pelas ilimitadas fileiras dos bits. E ignorando irremediavelmente a constituição da vida consciente, que sem o contínuo não poderia ocorrer.

Por trás do mote de Wheeler, assim como por trás do involuntário manifesto de Nielsen, entrevê-se um plano arriscado: substituir os números reais, diante dos quais "os matemáticos sempre sentiram certa inquietação",[84] por bits. Chaitin reconheceu de imediato o obstáculo que se apresentava a esse passo fatal: "Um número real não é um objeto digital, é um objeto analógico. Como ele varia de modo contínuo, não em saltos descontínuos, quando se converte um número desses em bits, obtém-se um número infinito de bits. Mas os computadores não podem executar cálculos com números que têm um número infinito de bits!".[85] Poderia parecer um obstáculo intransponível. Chaitin, porém, não se deu por vencido. E prontamente insinuou a dúvida decisiva, perguntando-se "se o mundo físico é realmente contínuo ou se, pelo contrário, pode ser descontínuo, como alguns rebeldes começam a suspeitar".[86] Nesse meio-tempo a questão se tornou candente entre os físicos, a ponto de os "rebeldes" já estarem mais no campo contínuo do que no descontínuo. Em todo caso, à parte as disputas teóricas sobre o funcionamento do mundo, a supremacia do descontínuo se tornou esmagadora. E os "rebeldes" agora são as esparsas tribos do analógico, com seus discos de vinil.

Quando Chaitin formulou sua teoria da informação algorítmica nos anos 1960, suas teses tinham o aroma da novidade e ninguém achava que *algoritmo* se tornaria a primeira palavra obsessiva do milênio seguinte e que a *informação* seria sua soberana vigilante.

Como às vezes — raramente — ocorre, uma teoria científica era também o prenúncio de uma mutação antropológica.

Para a ciência, ainda não existe definição adequada e onibrangente de *informação* — e menos ainda uma definição adequada de *consciência*. São duas entidades com que todos têm de se relacionar a cada instante, sem saber dizer o que são.

As relações entre informação e consciência podem também ser vistas como um episódio da alternância, da sobreposição e do embate entre contínuo e descontínuo que ocorre ininterruptamente em toda a natureza. E, na forma de analógico e digital, apresenta-se como característica essencial do nosso sistema nervoso. Von Neumann percebeu isso com a máxima clareza em seu pequeno livro *O computador e o cérebro*, que é o Grifo à soleira da ciência da computação. Mas a questão se colocara bem antes. Segundo Simone Weil, "desde a Grécia, a ciência é uma espécie de diálogo entre o contínuo e o descontínuo".[87] Diálogo inevitável, porque "o descontínuo e o contínuo são um dado da mente humana, que pensa necessariamente um e outro, e é natural que passe de um ao outro".[88] Mas é um diálogo que também pode se tornar uma guerra. E a guerra costuma se manifestar, antes de mais nada, como invasão de território. Então pode dar-se algo que "repugna à razão, isto é, que o descontínuo seja aplicado a grandezas essencialmente contínuas. E é exatamente o caso do tempo e do espaço".[89] Mais de setenta anos depois, a maioria dos físicos se oporia a Weil em relação a esse ponto.

Mas há um outro território onde o descontínuo levou a uma invasão incontrolável, encontrando apenas uma parca resistência: o território da mente, além do da consciência. Invasão acompanhada por resultados empíricos impressionantes, que operam na vida de todos. Ainda mais radical foi a modificação ocorrida nas concepções da mente e da consciência, ambas já anexadas aos territórios do descontínuo. É este o divisor de águas oculto que marca a distância entre o novo milênio e o milênio anterior. E não há sinais de que o império nascente esteja disposto a reconhecer que foi fundado sobre esse obstinado e letal mal-entendido.

A informação só pode ser discreta. A consciência é uma mescla amorfa de descontínuo e contínuo, mas sua própria amorfia a situa ao lado do contínuo. Ela pertence a um substrato não autossuficiente, entalhado com vários orifícios, pelos quais respira e evacua, dependendo a cada instante do mundo exterior. A informação é autista por vocação. Precisa somente de uma tomada elétrica e, portanto, pressupõe uma ordem social que forneça energia de maneira constante e segura. Nisso se assemelha àquele que é o principal *desideratum* dos transumanistas: uma vida indefinidamente prolongada, com a finalidade de atenuar qualquer sentimento trágico residual da existência. Vida que seria ocupada por um incessante turbilhão de bits, em todos os recantos da consciência. Com os transumanistas, a sociedade experimental se aproxima da sua forma última e perfeita: não fazer experimentos somente sobre si mesma, enquanto entidade oniabrangente, mas sobre cada um de seus componentes, por minúsculos que sejam.

E eis que se aproxima o momento em que os *valores*, que já tantos danos causaram, preparam-se para se insinuar até mesmo nas máquinas. Stuart Russell, autor do mais difundido tratado de inteligência artificial, olha com preocupação o futuro próximo, quando os robôs já tiverem se destacado nitidamente dos humanos em inteligência e começarão a considerá-los *redundantes*. No ambiente da IA [Inteligência Artificial], circula uma historieta sobre certos gorilas que um dia deram forma ao homem e depois descobriram que eles mesmos continuavam como gorilas. O que fazer? Introduzir nos robôs a dúvida, a incerteza. Torná-los humildes. Treiná-los a não seguir seus programas *demasiado literalmente*. Assim se tornarão representantes de uma inteligência artificial "*human-compatible*", "compatível com o humano".[90] Assim se criará um precioso "*value alignment*", "alinhamento de valores",[91] e — entre outras coisas — o robô se tornará "altruísta".[92] Assim — pelo menos é o que se espera —, tornando os robôs bons (agora definíveis como "*beneficial machines*", "máquinas benéficas"),[93] os humanos também encontrarão ocasião de *melhorar a si mesmos*.

Mas não era precisamente esse o sentimento primordial que, segundo Adam Smith, acompanha o homem do berço ao túmulo? "O princípio que dispõe a economizar é o desejo de melhorar nossa condição, desejo que, se bem que em geral calmo e desapaixonado, vem conosco do nascimento, e nunca nos deixa até que vamos ao túmulo. Em todo o intervalo que separa esses dois momentos, raramente há um só instante em que o homem esteja perfeita e completamente satisfeito com sua situação, de modo a ficar sem desejo algum de alteração ou aperfeiçoamento de qualquer espécie."[94] Assim, os investidores da inteligência artificial poderão se tranquilizar: não só praticam a beneficência, melhorando os humanos, como também seguem *literalmente* os ditames do pai fundador da economia política.

Em seu TED Talk de 25 de abril de 2017, Stuart Russell anunciou outro ponto importante a ser desenvolvido em seu próximo livro. Como fazer com que o robô superinteligente se oriente entre os *valores* dos humanos? Questão difícil, mas — como de costume — passível de solução. Até pouco tempo, Russell apontava qual devia ser o objetivo da *Human-Compatible AI*[95] [inteligência artificial compatível com o humano]. Mas não estava claro como se poderia atingi-lo. Como todos os seus colegas, Russell acreditava que bastaria uma quantidade maciça de dados para resolver o problema. Solução bastante genérica. Agora, porém, parece ter tido a iluminação que especifica o *modus operandi* a ser seguido: *a máquina precisa aprender a ler*. A ler o quê? Tudo. Lerá "tudo o que a espécie humana escreveu".[96] São poucas palavras, mas bastam para divisar um horror que nenhuma história de ficção científica havia conseguido evocar: um amontoado infinito de caracteres de todos os alfabetos lidos por um robô — e do qual jorra, como um xarope emoliente, o suco dos valores.

A propensão a se expor ao choque do desconhecido é uma sensação secreta e preciosa, que revela muito do caráter de uma pessoa. Há quem a ignore, há quem não passe sem ela. Em todo caso, é um resquício arcaico. Numa época muito distante, anterior à pré-história, era uma experiência constante. Hoje ela ocorre quando estamos num local em ruínas, um daqueles locais silenciosos e cercados, feitos de passado e fragmentos de pedras. Muitos visitantes querem, apreciam ou exigem ser acompanhados por guias ou audioguias. Outros percorrem os locais às cegas. Veem — se porventura virem — o lugar apenas por meio do que registram, usando uma objetiva qualquer. E o que veem é a si mesmos.

Há também quem simplesmente olhe. Entre esses poucos se encontram — seita exígua — os que não renunciam a se expor ao choque do desconhecido. Sabem que é uma sensação insubstituível e que antecede qualquer conexão com o passado. É uma sensação equivalente à primeira fase de um rito iniciático, que se cumpre nas trevas e no silêncio. Mas é indispensável para estabelecer uma relação com o desconhecido. Que, no caso do passado, é, antes de mais nada, ausência. É o que testemunham as ruínas: o passado não existe. Uma vez absorvido esse choque, que penetra até os capilares, pode-se começar — lenta, gradualmente — o processo do conhecimento. Os grandes historiadores são necromantes — e são visitantes desse naipe. Sofreram essa experiência inicial, que depois sempre se renova, embora possam ter fisiologias muito diferentes: sóbrios, como no caso de Burckhardt, ou visionários, como Michelet.

A digitabilidade é o mais grave ataque desferido contra a propensão de se expor ao choque do desconhecido. Já eram poucos os que cultivavam essa sensação, como um segredo. E a rede os obrigou ao ônus de um imenso saber que eles desconhecem, como se cada um fosse envolvido por um zunido ininterrupto e instrutivo em qualquer direção. Um Google Earth estendido no tempo sufoca qualquer percepção do desconhecido, que é inevitavelmente atenuada e enfraquecida — ou, por fim, neutralizada.

Existe também a possibilidade de sentar à margem do grande fluxo informático, sem lamentações ou justificativas. Sem a obrigação de meditar ou empreender ações filantrópicas, sem se preocupar demais com o que vai ser comido ou bebido. Limitando-se a praticar o que o satisfaz por si só. E olhar, incluindo quem olha naquilo que olha. Tentar cautelosamente descobrir se o sujeito que olha é nosso hóspede ou se nós é que somos os hóspedes dele. Ceder-lhe passagem e fazer um sinal de anuência.

> Se Kafka não rezava, o que ignoramos, era capaz ao menos, como faculdade inalienavelmente sua, de praticar o que Malebranche chamava 'a prece natural da alma' — a atenção. Como os santos em sua prece, Kafka incluía na sua atenção todas as criaturas.[97]

Adorno ficou profundamente impressionado com essas palavras de Benjamin e logo mencionou numa carta a "enorme definição da atenção como figura histórica da oração".[98] Nessa definição de Malebranche, aplicava-se o que Benjamin evocara cinco anos antes, sob o nome de "iluminação profana".[99] Fórmula que poderia ter se tornado o primeiro axioma da sua *teologia secularizada*, cuja carta fundadora, porém, ficou oculta entre as dobras de seu ensaio sobre o surrealismo. E consistia em poucas palavras:

> De nada nos serve a tentativa patética ou fanática de apontar no enigmático o seu lado enigmático; só devassamos o mistério na medida em que o encontramos no cotidiano, graças a uma ótica dialética que vê o cotidiano como impenetrável e o impenetrável como cotidiano.[100]

Era um pressuposto carregado de imensa energia potencial — e Benjamin dava alguns exemplos de sua aplicação. Ler se torna um caso particular de telepatia; o pensamento, uma expansão da embriaguez por haxixe. E, assim, mesmo quem está à espera, ou o *flâneur*, ou o sonhador, ou quem usou uma droga, torna-se igualmente iluminado profano. E a oração passa a ser outro nome da atenção.

De tudo isso poderia derivar uma transformação que Benjamin condensou numa fórmula: "Mobilizar para a revolução as energias da embriaguez".[101] Se porventura houve alguma contribuição dele a qualquer revolução, ela foi essa frase. Ao escrevê-la, Benjamin ainda ignorava que a única revolução que lhe era cara — a russa — estava se ocupando de coisas muito diferentes. Mas a ideia de uma *teologia secularizada*, que obcecou e assediou todo o século XX, nem por isso se esgotou. Qualquer um que pense fora da casinha lógico-matemática sabe que as categorias teológicas estão sempre vivas e operantes. Ao mesmo tempo, tão logo se supera certo limiar da história, alguns gestos são afetados por uma obliteração irreversível. É inútil pensar, se não se tenta pensar o que é o *sacrifício*. Mas agora é impensável realizar, de qualquer forma, o sacrifício cruento. Algo semelhante poderia ser dito em relação a outras categorias teológicas, como a *graça* e o *livre-arbítrio*. Que abandonaram seu quadro confessional e se espalham como muitos dolmens numa vasta paisagem agreste e silenciosa.

Ao sair da neblina que recobre o vilarejo sob o Castelo, K. entra numa nova normalidade, que não tem nada de extraordinário ou de sobrenatural. Mas é incôngrua, irrisória, elusiva. K. percebe as potências e não sabe bem como chamá-las. Dependendo do momento e da perspectiva, tudo pode ser benévolo ou malévolo.

Quanto mais inconsistente é o mundo, tanto mais aumenta o número dos que têm algo a lamentar. Mas mesmo o lamento é inconsistente. Robert Frost, na introdução de uma coletânea póstuma de E. A. Robinson, poeta que lhe era afim, traçou as diferenças entre *grievances*, "queixas, lamentações", e *griefs*, "dores, pesares":

> As lamentações são uma forma de impaciência. As dores são uma forma de paciência. Pode ocorrer que a lei nos prescreva renunciar à paciência, assim como no passado exigia entregar o ouro; pois, renunciando à paciência e nos unindo rapidamente aos impacientes na cidadela do mal, a esperança é que se possa pôr fim à necessidade de paciência. Não haverá mais nada pelo que ser paciente. O dia da perfeição se sustentará numa ação social unânime. Bastarão duas ou três boas eleições nacionais para chegarmos a isso. Instigaram-nos também a desistir da coragem, a fazer da baixeza uma virtude e ver se assim as guerras e a necessidade de coragem não

terminam. Abandone-se a religião pela ciência, aparem-se todas as arestas daquilo que resta do desconhecido e não haverá mais necessidade de religião. (A religião é apenas um consolo por algo que não sabemos.) Mas suponhamos que haja algum erro qualquer, e que o mal resista ao assédio, que as guerras não terminem e que algo continue incognoscível. Termo-nos desarmado pioraria ainda mais nossa situação. Não há nada nos mais recentes conselhos provenientes de Wall Street, da ONU ou do Vaticano que me leve a renunciar ao que possuo de dor paciente.[102]

Era a resposta definitiva a todo pacifismo e a todas as lamentações sobre o curso do mundo.

Consideremos um europeu que esteja em Londres e ande pela cidade num final de tarde. Pode ser que passe na frente do British Museum. Enxames de pessoas, de todas as proveniências, entrando e saindo. O sujeito pode se somar aos que entram, não precisa nem pagar ingresso. No interior do museu, notam-se imediatamente várias lojas de lembranças e cartões-postais. Então se pode seguir por uma porta à esquerda. A Pedra de Roseta, estátuas egípcias e assírias. Depois uma sala com uma construção estranha. Colunas, relevos e algumas estátuas de seres femininos, acéfalos, que parecem suspensos no ar. Leem-se várias plaquetas. É o Monumento das Nereidas. Provém de Xanto, na Lícia, hoje Turquia meridional. As indicações não são exaustivas. A data: século IV antes de Cristo. Mas a Lícia — o que é a Lícia? E por que construíram essa edificação, que é apresentada como o primeiro exemplo de templo-tumba? As explicações oferecidas no museu remetem a fatos de uma província da Ásia Menor sobre a qual pouco se sabe. Mas é realmente a Ásia? Ou essas figuras suspensas num movimento aéreo, envoltas em panos preguados que desenham os corpos, pertencem a alguma outra coisa? Por que não têm a rigidez de todas as outras figuras, egípcias ou assírias, logo ali, a poucos metros de distância? Por que evocam uma ideia de *maciez* que não está necessariamente ligada à estabilidade e à solenidade? São apenas algumas das perguntas suscitadas pelo Monumento das Nereidas. Mas, insinuada entre as perguntas, há também uma resposta que não foi solicitada. Esse templo-tumba é a Europa. Ou, pelo menos: é algo que só adquire sentido quando se liga à Europa. E nem estava na Europa, e sim na costa turca meridional. Mesmo a princesa Europa viera do Líbano.

II
A SOCIEDADE VIENENSE DO GÁS

Não são lembranças. São palavras escritas, publicadas, proferidas, mencionadas, registradas entre o início de janeiro de 1933 e maio de 1945. Mesmo sem querer, todas guardam alguma semelhança. Todas as imagens daqueles anos, de qualquer proveniência, emanam algo hipnótico. Foi o auge do preto e branco, no cinema e na vida. Quando surgiu o tecnicolor, parecia uma alucinação. Era como se o tempo tivesse formado uma espiral mais estreita, que terminava num ponto de estrangulamento.

30 de janeiro de 1933. Klaus Mann parte de Berlim de manhã cedo, "como que levado por um mau presságio".[1] Estradas vazias. Cidade adormecida. "Seria meu último olhar sobre Berlim, a despedida."[2] Parada em Leipzig. Na estação, aparece o amigo Erich Ebermayer. Pálido, inquieto. "'O que aconteceu?', pergunta-lhe. Pareceu surpreso. 'Como, você não sabe? O velho o nomeou faz uma hora.' 'O velho?... *Quem* ele nomeou?' 'Hitler. É chanceler'."[3]

1933. A Alemanha de Hitler chegou à França pelo rádio, que

funcionava mal, emitindo "espantosos borborigmos".[4] Somente em 1932 conseguiu se tornar "um flagelo bem organizado",[5] quase um compromisso com hora marcada. Brasillach e amigos estavam a postos: "Tudo estava pronto para podermos ouvir, à noite, sintonizando as estações alemãs, aquela extraordinária campanha eleitoral do nacional-socialismo, uma torrente de sinos, tambores, violinos, explosão de todos os demônios da música".[6]

Seis anos depois, quando Brasillach escrevia as suas memórias de trinta anos de vida, 1933 surgia sob uma luz ao mesmo tempo remota e invasiva:

> Na sequência de nossos anos da juventude, 1933 talvez não nos pareça o mais nítido. Pelo contrário, é confuso, ora pálido, ora ostensivo, com aquele ar fantasmagórico e estridente do corvo de Edgar Poe pousado no busto de Palas que tão facilmente as horas capitais assumem em nossa lembrança. E, de fato, foi entre todos o ano capital, aquele que esperávamos sem saber desde quando lançávamos alguns olhares ao redor, sempre seguindo nossa aventura pessoal, viva, doce e sábia. Chegou, por fim, obscuro e estriado de clarões, subitamente ruidoso, depois surdo e abafado, e mal conseguíamos dissociá-lo de nossas previsões, de nossas expectativas, a tal ponto ainda se confundia com elas, e no entanto era o ano misterioso do cumprimento e da ameaça.[7]

12 de março de 1933. A redação de *Voilà* encarregara Simenon de escrever uma série de artigos em vários países europeus. Disseram-lhe: "A Europa está doente. O doutor se inclina, põe o ouvido no coração do paciente: 'Diga 33'. E o paciente repete: '33… 33… 33'".[8]

Simenon começa por Varsóvia, onde está nevando:

A neve abafa os passos e as vozes. A neve abafa os choques. Tem uma aparência de paz. E no entanto, aqui e ali, há quem se inquiete, quem se agite imperceptivelmente como se...

Como se amanhã, quando a neve derreter e a terra voltar a ser negra e formigante, fôssemos nos precipitar para fronteiras novamente visíveis.

Não é problema meu. Parti com uma finalidade mais modesta, ver o rosto da Europa de hoje. Houve uma Europa de antes de 1914, depois uma Europa recortada pelas trincheiras e, por fim, uma Europa do pós-guerra.

Mas não será talvez ainda outra Europa, a Europa de 1933, que dormita sob a neve e, como que num sono desconfortável, tem bruscos sobressaltos, que nos assustam?[9]

20 de março de 1933. Benjamin conta a Scholem que o impulso de deixar a Alemanha lhe veio da "simultaneidade quase matemática com que praticamente todos os centros com que eu mantinha contato devolveram os manuscritos, interromperam as negociações em andamento ou quase prestes a serem concluídas".[10] A Alemanha se tornou o país "em que, voltando-se para alguém, a vista se fixa nas lapelas dos paletós, preferindo não olhar mais no rosto de ninguém".[11]

29 de abril de 1933. Aborrecida com as correções do seu *Flush* ("aquele livro tolo"),[12] Virginia Woolf anota suas impressões sobre Bruno Walter, que acabara de conhecer:

> É um homem de tez escura, gorducho, nada brilhante. Não tem nada do "grande maestro". É um pequeno eslavo, um pouco semita. Está a ponto de enlouquecer; isto é, não consegue expelir o que ele

chama de "o veneno" de Hitler. "Vocês não devem pensar nos judeus", continua a dizer. "Devem pensar nesse pavoroso reino da intolerância. Devem pensar no estado geral do mundo. É terrível, terrível. Que essa mesquinhez, que essa baixeza sejam possíveis! A nossa Alemanha — que eu amava — com as nossas tradições, a nossa cultura… agora somos uma vergonha." Disse-nos que não se pode falar a não ser aos sussurros. Há espiões por toda parte. Estava sentado diante de uma janela no seu hotel em Leipzig e telefonava. Havia o tempo todo soldados marchando. Nunca param de marchar. E na rádio, entre um turno e outro, ouvem música militar.[13]

Woolf acrescenta: "Tem a intensidade — o gênio? — que o faz viver tudo o que sente".[14]

Primavera de 1933. Erika Irrgang, Cillie Ambor, Anny Angel, Annie Reich: a constelação das amigas centro-europeias de Céline. Que era afetuoso com elas, protetor. De vez em quando ia visitá-las, tentando atrapalhar o menos possível a vida delas. De vez em quando tentava dirigir à distância o tráfego dos outros amantes. Prodigalizava conselhos para não engravidarem. Recomendava a sodomia. Cillie era judia e Céline se preocupava com ela: "Pergunto-me se está a salvo em Viena, se o hitlerismo não invadirá também a Áustria".[15] E poucos dias depois: "Estou muito contente de saber que por ora está segura, mas a *folie hitler* acabará por dominar a Europa ainda por alguns séculos. O senhor Freud não pode fazer nada a respeito".[16]

8 de maio de 1933. Martin du Gard encontra Montherlant, que acaba de desembarcar da Argélia, enojado com os ex-combatentes que encontrou no navio. Os dois voltavam de um congres-

so, com suas respectivas esposas, e faziam de tudo para não pagar o que bebiam no bar. A conversa passa para a ascensão dos nacional-socialistas: "Sempre me recusei a ir à Alemanha depois dessa guerra, diz-me Montherlant; no entanto, estava persuadido de que a vida nova... sim, que a vida estava ali. Hoje não quero ir porque, neste momento, me agradaria demais".[17]

Maio de 1933. Céline escreve a Eugène Dabit: "Há um não sei quê de histérico e urgente no ar... Estação de muda — É um navio que se afasta... Rumamos para a violência. Está pertíssimo".[18] O horror que avultava, o *novo* horror, não era apenas o horror totalitário — termo eufemístico, delimitação provisória. O horror não era apenas uma certa forma de sociedade, mas a própria sociedade, que sob qualquer forma finalmente se reconhecia como autossuficiente, soberana e devoradora. De Hitler e de Stálin algum dia nos livraríamos, mas não da sociedade. Céline, que não pensava, mas intuía, e logo toldava o que acabara de intuir, escreve a Élie Faure: "De fato, estamos todos absolutamente dependentes da nossa Sociedade. É ela que decide nosso destino".[19] Por uma vez, chegara até a usar maiúscula.

22 de maio de 1933. Joseph Roth se enfurece, instigando o amigo Stefan Zweig a deixar sua editora, a nobre Insel Verlag ("Tenho a impressão de que o senhor superestima as qualidades morais da Insel Verlag").[20] O editor, Anton Kippenberg, acaba de autorizar, sem avisar o autor, que fossem feitas certas correções estilísticas em sentido *völkisch*, "nacional-popular", isto é, nacional-socialista, no livro de Zweig sobre Maria Antonieta. Mas as preocupações de Roth iam além:

Temo, por assim dizer, pela saúde da sua alma. Posso falar com toda a franqueza? Temo que ainda não tenha captado plenamente o que está acontecendo. O senhor continua a raciocinar a respeito. Continua a "esclarecer".

A minha opinião é a seguinte:

a) dura quatro anos;

b) Hitler acaba no desastre ou na monarquia;

c) não há *nenhuma* relação entre nós e o Terceiro Reich;

d) em cinco meses, não haverá mais editor, livreiro ou autor do nosso gênero;

e) é preciso *abandonar* qualquer esperança, de maneira definitiva, firme, forte, como convém. Entre nós e ele há guerra. Para o inimigo, todo pensamento é punido com a morte. Todos os escritores relevantes que ficarem aqui sofrerão a morte literária;

f) enquanto estivermos banidos, nenhum contato com os da "esquerda". Feuchtwanger, A. Zweig, "Weltbühne". Eles também são culpados pelo nosso destino. É o partido dos tolos vaidosos.[21]

1933. Tal é a impressão que Ernst Jünger desperta em Martin du Gard, que foi visitá-lo em Berlim: "Um rapaz de 35 anos, de rosto ascético, cheio de energia e compostura, esportivo, com roupa de golfe, calções compridos, um cigarro de fumo claro entre os lábios".[22] Quando ele fala, aflora o "nietzschiano integral que de bom grado recusaria entrar na Reichswehr por não terem uma concepção suficientemente elevada do sacrifício; um coração ardente, duro, ou melhor, endurecido, acima de todos os apetites, e que incute respeito".[23] Seguem exclamações desoladas de Jünger: "Perdemos tudo, até a honra!".[24] Acompanhadas por análises: "O movimento das massas passou, dizia-me, o valor pessoal se impõe na Rússia e na Itália. E deve se impor na Alemanha. Mas o ideal socialista não morreu. A social-democracia não é mais capaz de ser agente do socialismo. Agora cabe aos nacional-socialistas...".[25]

25 de dezembro de 1933. No dia de Natal, Jörg Lanz von Liebenfels conclui a redação de um breve texto chamado *O deus elétrico primordial e o seu grande santuário na pré-história*. A capa da plaqueta trazia um sumário:

> Conteúdo: os "deuses" nada são além de seres pré-humanos eletricamente organizados ("eletrozoa"), a redescoberta de Deus por meio da radiologia e da sorologia, Deus é raça heroica, as suas leis religiosas são leis de seleção racial, o homem primitivo como animal doméstico dos anjos e das Valquírias, a redescoberta da pátria primordial dos Grifos elétricos, das Valquírias, das moças-cisnes e dos anjos no território de Rügen, o santuário secreto, "o laboratório das estirpes nobres e o ventre materno dos povos", as misteriosas "pombas oraculares" (= Valquírias!) dos antigos templos, os "galos do raio" de Asclépio, o "âmbar" elétrico, a rota do "âmbar", a terra do "âmbar", a pátria primordial dos heróis arianos e das sagas heroicas, o local de origem da humanidade ariano-heroica e da religião primordial da seleção racial e da religião do Graal.[26]

Num outro dia de Natal, 26 anos antes, Lanz von Liebenfels mandara hastear no castelo de Werfenstein, pela primeira vez, uma bandeira com a suástica, vermelha em fundo negro, com quatro lírios, por ocasião de uma reunião cultural da sua Ordo Novi Templi (ONT) [Ordem dos Novos Templários]. Strindberg era membro da Ordo.

Janeiro de 1934. Drieu La Rochelle adivinha os tempos: "A guerra estoura, em cinco anos. A França e Alemanha se lançam uma contra a outra".[27] E a Rússia?

Embora esteja às voltas com o Japão, a Rússia marcha contra a Alemanha. Isso porque a Alemanha (hitleriana ou não) representa para a Rússia um perigo bem maior do que qualquer outro grupo humano. Para a Rússia, a Alemanha ainda é o grande vizinho cuja superioridade técnica não foi destruída. E, ademais, entre o semissocialismo dos fascistas alemães e o semifascismo dos comunistas russos há o mesmo ódio familiar surdo que há entre o imperialismo dos Romanov e o imperialismo dos Hohenzollern e dos Habsburgo. De ambas as partes, a mesma base fortemente nacional e, sobretudo, a mesma tendência à evangelização mundial. O que leva à luta.[28]

Tudo retorna, exceto que as dinastias imperiais exigiam um número menor de cadáveres em comparação ao "semissocialismo" nazista e ao "semifascismo" soviético. Os tempos mudaram.

Março-abril de 1934. A tensão política se agudiza, Élie Faure pende para a esquerda. Mas Céline não concorda, embora escreva a Faure: "O senhor é um dos meus raros mestres — e, sem dúvida, o mais íntimo, o mais direto".[29] Qual é o verdadeiro motivo? Não, certamente, que Céline se declare "anarquista desde sempre".[30] Para ele, essa palavra é apenas uma alusão indireta à sua *desaderência* a tudo. Olhando ao redor, Céline já se vê rodeado apenas de inimigos, de todos os lados. Por quê? Todos falam do "homem novo", à direita e à esquerda. Céline, porém, escreve: "Proclamo em alto e bom som, com emoção, toda a nossa podridão comum *de Homem*, de direita ou de esquerda. E isso jamais me perdoarão".[31] Teorias são desnecessárias. Basta essa percepção fundamental do que há de podre no ser humano. Assim já se esboça a perseguição:

> Serei fuzilado, talvez, por uns ou por outros. Os nazistas me execram tanto quanto os socialistas, e os revolucionários também, sem contar Henri de Régnier, Comoedia ou Stavisky. Estão todos de acordo quando se trata de me vomitar. Tudo é permitido, exceto *duvidar do Homem*. Então não se brinca mais.[32]

31 de maio de 1934. No cartão-postal se via parte de um tanque, uma ampla e majestosa escadaria e a grande avenida do parque de Saint-Cloud, margeada de árvores viçosas, com as folhas quase tocando o chão, como num Fragonard. O texto (em inglês) dizia: "É aqui agora que passo os meus domingos — cansado de Saint-Germain, como pode bem imaginar. Louis".[33] Louis era Céline, a destinatária, miss Elizabeth Craig, em Los Angeles.

Ele a conhecera (Elizabeth depois esclareceria: "dragara")[34] oito anos antes, diante da vitrine de uma livraria em Genebra. Ela olhava fixamente um livro, Céline puxou conversa. Sabia fazer isso. Elizabeth tinha 24 anos, cabelos louro-acobreados. Porte de bailarina, o predileto de Céline. Beleza evidente e imponente. Fora aluna de Theodore Kosloff, do Ballet Impérial Russe, já dançara nas Ziegfeld Follies, fora figurante de De-Mille numa cena de orgia pagã, em *A homicida* (*Manslaughter*), junto com dezenas de outras bailarinas, e chegara pela primeira vez a Paris com a trupe das Rockettes. Céline então se chamava Destouches, era um médico que trabalhava na Sociedade das Nações. Logo passaram a morar juntos na rue Lepic, em Montmartre. Durou sete anos, os anos de *Voyage* [*Viagem ao fim da noite*], dedicado "a Elisabeth Craig".[35] Depois, num dia de 1933, Elizabeth voltou para os Estados Unidos — e decidiu não viver mais com Céline. O cartão-postal com o parque de Saint-Cloud pressagiava aquela separação em que Céline não queria acreditar e que, já antes, fora prenunciada na dilacerante e impetuosa despedida de Molly em *Voyage*.

17 de fevereiro de 1935. Robert Frost escreve a Louis Untermeyer, vencedor do prêmio da ENIT [Agência Nacional de Turismo], concedido a um livro que incentivasse o turismo na Itália. *Ex aequo* [em empate] com os contos de Untermeyer, fora premiada "uma glorificação de Mussolini em três volumes".[36] De passagem, Frost observava: "Detesto ser surpreendido entre os turistas e ver apenas o que se anuncia como coisa a ser vista".[37] Procurava visitar apenas locais em que "não se cobrava para o passeio".[38] A seguir, comentava um artigo de MacLeish, que dizia que "a originalidade de hoje na arte é a revolução de amanhã na política".[39] Frost objetou: "Dê-me um exemplo qualquer de originalidade poética ou literária, de qualquer época, que tenha se tornado a revolução de qualquer dia seguinte".[40] Mas sabia muito bem que a palavra "revolução" ainda conservava um perfume irresistível. Assim acrescentava: "Se quiser mesmo jogar com a palavra revolução, todo dia e toda nova poesia de um poeta é uma revolução do espírito: a saber, frescor".[41] Untermeyer também desprezava os editores, esses comerciantes que não sabem reconhecer "a originalidade". E aqui também Frost soube ajustar sua mira:

> O objeto do artista é dizer às pessoas aquilo que ainda não perceberam e que estavam elas mesmas prestes a dizer. Num primeiro momento, ficam aborrecidas, depois ficam satisfeitas, por razões psicológicas que não indagaremos. O editor aparece apenas para ajudar na transição entre ficarem aborrecidas e ficarem satisfeitas.[42]

22 de abril de 1935. Leonard e Virginia Woolf haviam programado uma viagem de automóvel pela Itália, passando pela Alemanha. Mas, com tudo o que se ouvia pelas ruas, quiseram antes consultar R. F. Wigram, membro do Foreign Office [Ministério das Relações Exteriores], que estivera em missão em Berlim. Era sempre bom saber como o Foreign Office via as coisas:

> Os Wigram a tomar chá; ela vestida de xadrez branco e preto, sapatos xadrez, cachos loiros, olhos azuis, desiludida, taciturna, envelhecida, mais gorda, um pouco como uma margarida murcha ou alguma outra flor simples; admitindo-se que uma flor possa ter um ar muito infeliz. Decerto por causa do menino disforme etc. É aleijado, talas de ferro numa perna, anda com dificuldade usando uma bengala. Imagino que isso a repugne um pouco, fisicamente. Que precise se adaptar à deformidade física. Mas está pintada demais, descontente demais, de modo insosso. Ele tem os dentes muito brancos, os olhos azuis, esbelto, faces rosadas — um bom, hirto, honesto inglês de alguma grande universidade. Começou quase imediatamente a nos falar de Hitler. Esteve em Berlim com Simon. Chegou cedo e olhou a multidão pela janela da embaixada. As pessoas se amontoavam, um policial levantou a mão e todas recuaram, obedientes. Nenhuma resistência. Depois começaram os colóquios. Hitler era muito eficaz; dava medo. Um grande quadro da Virgem com o menino e outro de Bismarck. Falou durante vinte minutos seguidos sem qualquer hesitação. Habilíssimo. Só um erro numa passagem complicada. Foi muito bem treinado. E durante o tempo todo se ouviam pancadas. Wigram pensou: que dia estranho para trazer pedreiros. Mas eram os guarda-costas de Hitler que percorriam o corredor de um lado e outro. Tudo ficou claro. Queremos... Já nos equiparamos na aviação. Aliás, os alemães têm aviões suficientes para nos manter sob controle. E se matarem a todos nós? Bem, terão as suas colônias. Preciso de espaço para me mover, dizia

Hitler. Devemos nos equiparar etc. Uma inversão total, em comparação à Primeira Guerra: nenhum ideal, somente equiparação, superioridade, força, posse. E atrás dele os escravos passivos, pesados, e ele o grande molde que desce sobre aquela gelatina escura. Fala de si como o regenerador, como a máquina poderosa e perfeitamente equipada. Diz abertamente: Se dependesse de mim, durante a guerra as coisas teriam tomado outro rumo. Wigram e os outros muito assustados. Pode acontecer qualquer coisa a qualquer momento. Aqui na Inglaterra nem sequer compramos as máscaras antigas. Ninguém considera a ameaça séria. Mas, depois de ver esse cão raivoso, os ingleses esbeltos e hirtos realmente sentem medo. E, se temos a nos guiar apenas homens elegantes e refinados como W., talvez estejamos certos em esperar que um desses dias a Oxford Street seja invadida pelos gases tóxicos. E depois? A Alemanha terá as suas colônias.[43]

9 de maio de 1935. Enquanto atravessam a Alemanha de automóvel, a caminho da Itália, Leonard e Virginia Woolf são obrigados a desviar porque Goering precisa passar com seu séquito. Virginia anota:

> As pessoas reunidas debaixo do sol; tudo um pouco forçado. Como a hora da ginástica na escola. Faixas penduradas no alto da rua: 'O judeu é nosso inimigo', 'Não há lugar para os judeus em…'. Vamos embora discretamente, para longe da multidão dócil e histérica. Aos poucos, nossa condescendência se transforma em cólera. Estamos com os nervos à flor da pele. A percepção de um tolo sentimento de massa disfarçado de bom humor. Assim chegamos aqui, a Unkel, numa velha casa de campo com balaustradas curvas, degraus baixos, a escada com uma grade preta, e o pátio. Pequenos olhos no teto, coelhos e pombas na cabana. O estalajadeiro joga

baralho com a esposa. Todos querem ir embora, voltar para Islington, para Washington. Ah, que beleza, diz o atendente, que quer continuar a falar.[44]

Junho de 1935. Entre 1935 e 1941, Ernst Jünger e Carl Schmitt assim escreviam no cabeçalho de sua correspondência: "Caro senhor Conselheiro de Estado!", "Caro senhor Jünger!". Depois passaram a escrever: "Caro Carl Schmitt", "Caro Ernst Jünger". Trocavam frequentes recomendações sobre autores e livros. Jünger sugeriu a Schmitt *O outro lado* de Kubin: "Gostaria de lhe recomendar muito essa leitura. Depois de Hoffmann, é o melhor romance fantástico, com surpreendentes relações com a nossa época; lê-se como se atravessássemos os porões sobre os quais foram erguidos os nossos edifícios".[45] Schmitt seguiu o conselho e leu o livro "com grande tensão",[46] viajando pela Itália.

22-23 julho de 1935. Céline está em Badgastein, num hotel, com duas amantes suas, Lucienne Delforge e Cillie Ambor. Lucienne é pianista e tem aulas com um professor. Cillie se juntou a eles em Viena. As duas passeiam pela montanha. Céline se entedia, se exaspera. A "regularidade da vida",[47] na sua variante hoteleira e pré-alpina, não lhe agrada. Naqueles dias, Céline continuou sua correspondência, cada vez mais azeda, cada vez mais intratável, com Élie Faure. E foi então que disse o que pensava do povo:

> Caro Élie, nisso tudo a desgraça é *que não há um "povo"* no sentido comovente em que o senhor o entende, há apenas exploradores e explorados, e todo *explorado* só quer *se tornar explorador*. Não entende outra coisa. O proletariado heroico igualitário *não existe*. É um *sonho vazio*, uma LOROTA, e daí a inutilidade, a tolice absoluta,

nauseante, de todas aquelas imagenzinhas imbecis, o proletário de macacão azul, o herói de amanhã, e o malvado capitalista arrogante com sua corrente de ouro. São lixo, tanto um quanto o outro.[48]

E Céline acrescentava ao final uma nota que toca a essência da literatura: "É preciso se entregar inteiramente à coisa em si, não ao povo, nem ao Crédit Lyonnais, a ninguém".[49]

Setembro de 1936. Aos trinta anos, Samuel Beckett, de gênio difícil e deprimido, decide passar alguns meses na Alemanha porque queria ver certos quadros, principalmente de antigos mestres — e, na sequência, alguma coisa dos novos, Kirchner, Heckel ou Nolde, se alguém ainda ousasse expô-los. Até dezembro passou por Hamburgo, Lübeck, Lüneburg, Hannover, Brunswick, Riddagshausen, Wolfenbüttel, Hildesheim, antes de se instalar em Berlim, onde constatou: "A viagem é um fracasso. A Alemanha, horrível. O dinheiro, escasso. Estou sempre cansado. Todos os quadros modernos estão no depósito".[50] Em Lüneburg, queria ver o pântano, mas ficou desiludido ("uma voz me dizia: é do pântano de Lüneburg que o senhor precisa").[51] Mas não foi assim: "O pântano de Lüneburg não me agradou, de forma alguma. Fui embora desiludido e, ao mesmo tempo, aliviado".[52] Em Hannover, quis ver a casa de Leibniz. Numa carta escrita num excelente alemão, iria comentar que naqueles dias

> Hannover era dominada por tamanho entusiasmo cultural que era perceptível até no Café Kröpcke, pois acabava de ser confirmada a autenticidade do esqueleto de Leibniz conservado na igreja de Neustadt depois de um exame aprofundado do dedão de seu pé direito.[53]

A viagem obedecia a um itinerário preciso, de norte a sul, de Hamburgo a Munique, seguido com pertinácia, sem se desviar, até sobrevir uma sensação de esgotamento e saciedade ("estou cansado e estou farto e não consigo ver mais nada, só olhar").[54] Assim Augsburg, Ulm, Stuttgart, Karlsruhe, Friburgo, Colmar, Estrasburgo, Frankfurt, que faziam parte do plano, ficaram de fora. Enquanto isso se passaram seis meses.

Beckett passava a maior parte do tempo em museus. Afora isso, encontros com alemães que geralmente pertenciam à categoria dos *amigos de Rilke* ("na Alemanha, uma entre cada duas pessoas de certo nível de cultura parece ter sido amiga de Rilke"),[55] ou com bielorrussos que falavam de Biéli ("descobri que Biéli e vodca combinam").[56] Embora em Munique não houvesse "nenhum lugar para ir à noite",[57] Beckett não perdeu a ocasião de ir assistir ao "lendário Valentino" e o considerou "um ator de primeiríssima ordem".[58]

Beckett viaja pela Alemanha como muitos turistas alemães viajavam pela Itália do século XIX. Empunha seu Baedeker — e não quer perder nada. Não só museus e igrejas, mas os locais dos Grandes Espíritos. Visita as casas de Klopstock, Lessing, o quarto de Voltaire no palácio de Sanssouci. E a política? São raríssimas as menções nas cartas. O espaço era ocupado sobretudo pelos antigos mestres e pelas vicissitudes de *Murphy*, que naqueles meses vinha sofrendo sistemática recusa dos editores, na Inglaterra e nos Estados Unidos. De passagem, Beckett anotou que haviam retido o passaporte de Thomas Mann; que alguém esbravejava contra o governo; que um galerista ousava expor quadros de pintores degenerados como Marc e Nolde; que uma "alemãzinha pedante"[59] chamada Fräulein Tiedtke pretendia escrever sobre Proust ("há algo de esplêndido em fazer um doutorado em 1936 com um trabalho sobre alguém que é não só 'requintado', mas também não ariano").[60]

Detalhada divagação sobre a história de Nuremberg, desde

os tempos de Dürer até aquele momento em que Beckett escreve: "Expulsaram os judeus em 1499 e os mantiveram longe por três séculos e meio [...]. E agora é o centro industrial da Baviera, e, com Munique e Berlim, o terceiro centro da nazidifusão e a sede do torturador de judeus Streicher e de seu jornaleco".[61]

10 de setembro de 1936. Roberto Bazlen, em Milão, escreve uma longa carta ao amigo Ludovico Sain. Alterna italiano e alemão em todas as frases. Narra uma breve estada em Longone,

> sehr schoen e minimamente aquele verde da Brianza de planície gottverlassene que você não suporta e eu idem. Muito em ganz richtigen Waeldern e dado que Gadda era fast immer em Milão tive a mais herrlichste Ruhe e pude comer todas as manhãs uma bela cebola crua, was ich sehr notwending hatte, sem jemanden anzustinken.[62]

Depois de poupar Gadda do fedor da sua cebola crua, Bazlen passa a dar notícias pontuais sobre várias amigas e amigos de Trieste. Seguem detalhes monetários. E no fim: "Leia o mais belo livro que saiu nestes últimos anos: Picard, *Die Flucht vor Gott* [Fuga diante de Deus] (Egen Rentsch Verlag, Erlenbach-Zurich und Leipzig)".[63]

O livro de Picard traz uma descrição inteiramente aplicável aos assassinos-suicidas islâmicos que apareceriam cerca de setenta anos depois:

> Há quem tente ser pior do que é: tem medo de não se aperceber do mal e nem de si mesmo, se não praticar um mal realmente grande. Desfralda o mal como um estandarte em que lê que esta é a sua casa, ele mesmo lê pois de outra forma não saberia, e leem os outros que fogem com ele, como se entre os que fogem estivesse formal-

mente estabelecido que esse mal tem valor apenas indicativo: aqui *há* alguém, aqui certamente há alguém, aqui neste recinto do mal certamente se encontra um homem, por um instante podemos nos deter a seu lado, ele mesmo pode se deter a seu lado, no sólido limite do mal.[64]

28 de novembro de 1936. Na sessão da Société Française de Philosophie, Élie Halévy lê uma comunicação com o título *A era das tiranias*. Ideias claras, muito claras. As reações variam: "A discussão se acresceu de vários temas atuais, que Halévy imprudentemente juntou na mesma discussão",[65] anota Aldo Garosci, presente à sessão. A imprudência já se encontra na tese de fundo:

> A era das tiranias começou no mês de agosto de 1914; em outros termos, no momento em que as nações beligerantes adotaram um regime que se pode definir da seguinte maneira: a) Do ponto de vista econômico, estatização extremamente ampla de todos os meios de produção, distribuição e troca; — e, inversamente, apelo dos governos aos líderes das organizações operárias para obter o apoio deles nesse trabalho de estatização — portanto, sindicalismo, corporativismo e, ao mesmo tempo, estatismo; b) Do ponto de vista intelectual, estatização do pensamento, que assume duas formas: uma negativa, com a supressão de todas as formas de expressão de uma opinião considerada contrária ao interesse nacional; outra positiva, com o que chamamos de organização do entusiasmo.[66]

Finda a sessão, várias reações, principalmente de discordância. Mas houve também uma carta de Marcel Mauss. Não podia ser mais clara:

A sua dedução das duas tiranias italiana e alemã a partir do bolchevismo é absolutamente exata, mas me permita indicar outros dois traços que o senhor não mencionou, talvez por razões de espaço.

A doutrina fundamental de onde decorre tudo isso é a das "minorias atuantes", como se encontrava nos ambientes sindical-anarquistas de Paris e como foi elaborada por Sorel, quando abandonei "Le Mouvement Socialiste" para não participar da sua campanha. Doutrina da minoria, doutrina da violência, e também corporativismo, propagaram-se sob os meus olhos, de Sorel a Lênin e a Mussolini...

O corporativismo cristão-social austríaco, que se tornou o de Hitler, em sua origem é de outra ordem; mas ao fim, copiando Mussolini, tornou-se da mesma ordem.

Mas eis o segundo ponto.

Insisto mais do que o senhor no fato fundamental do segredo e do complô. Vivi por muito tempo nos ambientes ativos do PSR [Partido Socialista Revolucionário] etc. russos; não acompanhei tão bem os social-democratas, mas conheci os bolcheviques do Parc Montsouris e, por fim, convivi um pouco com eles na Rússia. Lá, a minoria atuante era uma realidade; era um perpétuo complô. Esse complô prosseguiu durante toda a guerra, durante todo o governo Kerênski, e venceu. Mas a formação do partido comunista continuou como a de uma seita secreta, e o seu órgão essencial, a GPU, continuou a ser a organização de ataque de uma organização secreta. O próprio partido comunista permaneceu acampado no meio da Rússia exatamente como o partido fascista e o partido hitleriano estão acampados, sem artilharia e sem frota, mas com todo o aparato policial.

Aqui reconheço facilmente certos acontecimentos que ocorreram com frequência na Grécia e que Aristóteles descreve muito bem, mas que são, acima de tudo, característicos das sociedades arcaicas e, talvez, do mundo inteiro. É a "Sociedade dos Homens", com as suas confrarias ao mesmo tempo públicas e secretas, e, na sociedade dos homens, é a sociedade dos jovens que age.

Sociologicamente, é uma forma talvez necessária de ação, porém é uma forma atrasada. Mas não é motivo para que não esteja na moda. Satisfaz à necessidade de segredo, de influência, de ação, de juventude e, muitas vezes, de tradição. Acrescento que, quanto à maneira como a tirania está habitualmente ligada à guerra e à própria democracia, as páginas de Aristóteles ainda podem ser citadas irrepreensivelmente. Parece que voltamos aos tempos em que os jovens de Mégara juravam em segredo que não se deteriam enquanto não destruíssem a famosa constituição. Aqui há retomadas, com sequências idênticas.[67]

Naquele dia de novembro, Halévy se mostrara *imprudente* por mais de um motivo. Antes de mais nada, sua comunicação estava construída como um teorema: enunciado e demonstrado. E isso com um efeito quase alucinatório porque, como observou Léon Brunschvicg no início da discussão, aquela sessão dava sequência pontual a uma outra ocorrida 35 anos antes, em que Élie Halévy se batera com Georges Sorel sobre o tema do materialismo histórico. Agora, porém, a comunicação de Halévy podia facilmente "degenerar em discussão política",[68] como receava Brunschvicg, presidente da Société, antes mesmo que se iniciasse a sessão. Evidentemente, as ideias de Halévy, demasiado claras e demasiado distintas, acabavam por abordar a situação política do momento de um modo que, por motivos opostos, seria rechaçado em geral. E sobretudo o parágrafo final:

> A Revolução Russa, nascida de um movimento de revolta contra a guerra, consolidou-se, organizada nas formas do "comunismo de guerra", durante os dois anos de guerra com os exércitos aliados que vão desde a paz de Brest-Litovsk à vitória definitiva das forças so-

viéticas em 1920. Aqui, um traço novo se acrescenta aos que já definimos. Devido à ruína anárquica, ao total desaparecimento do Estado, um grupo de homens armados, animados por uma fé comum, decretou que eles próprios eram o Estado: o sovietismo, dessa forma, é, literalmente, um "fascismo".[69]

Sem precisar recorrer a enfadonhas teorizações sobre o totalitarismo — e sem precisar sequer empregar o termo —, Halévy, em sua breve exposição, apresentara os dois traços que uniam solidamente o que se passava na Rússia, na Alemanha e na Itália. Antes de mais nada, a presença de "minorias atuantes" (fórmula de Mauss) instaladas no interior de um partido, que se torna a última instância e o único ator efetivo (o Estado, a essa altura, servia apenas de cobertura). Podiam chamar-se "vanguardas revolucionárias" ou *fasci di combatimento* ou ss e sa. Fosse como fosse, eram o próprio lugar das decisões efetivas, sobre as quais não se devia prestar contas a ninguém. O segundo traço era o que Halévy definia, com laconismo involuntariamente irônico, como "a organização do entusiasmo":[70] duas palavras que bastavam para evocar de imediato, como num sortilégio, as cerimônias no estádio de Nuremberg, os desfiles na Praça Vermelha e o Foro Itálico, além dos cartazes que mostravam o "homem novo", em suas variantes masculinas e femininas, além de quadros e afrescos de Sepp Hilz, Deineka e Sironi. Uma clareza como a de Halévy, clareza simultânea aos fatos comentados e isenta de vibrações patéticas (também em Élie se percebia o *humor ácido* dos Halévy, presente tanto na opereta como nas frases de Oriane de Guermantes), só podia incomodar.

Cultor do detalhe, Halévy certamente não podia ser acusado de juntar fatos heterogêneos, embora tivesse apontado o que *mantinha unidas* Rússia, Alemanha e Itália naqueles anos. Mas, no debate da Société de Philosophie, ele antecipou a objeção que inevitavelmente afloraria:

Estou muito longe de contestar que, sob muitos aspectos, evidentes a todos, os fenômenos são antitéticos. Fui a Leningrado e conheço a Itália fascista. Ora, quando se atravessa a fronteira russa, tem-se a imediata sensação de sair de um mundo para entrar num outro; e tal subversão de todos os valores, se se quiser, pode ser considerada capaz de legitimar uma tirania extrema. Mas, na Itália, nada de semelhante, e o viajante se vê perguntando se havia necessidade de um aparato policial tão gigantesco, que tem como único resultado uma melhor manutenção das estradas e trens mais pontuais.[71]

Há uma nítida diferença entre "era das tiranias" e "era das ditaduras" — e Halévy quis especificá-la. Ditadura "implica a ideia de um regime provisório, que deixa intacto, a longo prazo, um regime de liberdade".[72] Tirania, pelo contrário, é uma "forma normal de governo, que o observador científico da sociedade deve pôr ao lado das outras formas normais: monarquia, aristocracia e democracia".[73] Não só: a tirania tem uma ligação fisiológica com a democracia. Sobre esse ponto Halévy se sentia reconfortado pela aprovação "sem reservas"[74] de Mauss, em especial quanto ao fato de que "as análises complementares de Platão e de Aristóteles sobre a maneira pela qual se deu, no mundo antigo, a passagem da democracia para a tirania encontram uma aplicação profunda nos fenômenos históricos que hoje presenciamos".[75] Aqui Halévy punha o dedo na ferida aberta — e perenemente aberta — da democracia: o fato de que Hitler fora nomeado chanceler por vias legais. E confirmado pouco depois das eleições com uma afluência de 90% — número bem-vindo por todos os apoiadores de uma democracia substancial. A questão, porém, não foi tratada no debate que se seguiu à comunicação de Halévy. Ao final dela, foi-se evidenciando cada vez mais o mau humor de vários sócios diante da suposta "equiparação da ditadura soviética com as ditaduras fascista e hitlerista".[76] Em sua réplica, Halévy mostrou que sabia diferenciar claramente o que acontecia nos três países. Isso, porém, não o impediu de dar uma definição incisiva, praticamente irretocável, do que unia esses regimes:

> Quanto à forma (e me parece que todos admitem esse ponto), os regimes são idênticos. Trata-se do governo de um país por obra de uma seita armada, que se impõe em nome do pretenso interesse do país inteiro, e que tem a força de se impor porque se sente animada por uma fé comum.[77]

16 de janeiro de 1937. Martin du Gard encontra Léautaud no escritório da Mercure de France. "Cheira a fechado, a papéis empoeirados, a velhos pregões de leilão, o mesmíssimo cheiro do escritório de um tabelião".[78] Para Léautaud, é como uma segunda casa. Falam de Gide, que Léautaud acabara de encontrar. Léautaud:

> Um irresponsável! Uma criança velha! Não! Hi! Hi! Hi! Lembra o que ele escreveu antes de ir à URSS? Queria dar a vida pela URSS. E depois que esteve lá, ficou muito irritado. É o que significa não ter uma qualidade indispensável: a desconfiança. Escritor em pleno desenvolvimento, mas como inteligência, como razão: zero. Sempre pensei isso. Dar a vida pela URSS, que tolice! Entre as tolices dele, é a que mais salta aos olhos.[79]

6-13 de setembro de 1937. Robert Brasillach havia estado na Itália de Mussolini. Vira a guerra civil na Espanha. Finalmente era a vez da Alemanha. Redator de *Je Suis Partout*, revista descaradamente favorável ao "hitlerismo" (como se costumava dizer à época), só podia ser um convidado bem-vindo no congresso de Nuremberg. Viajou com um pequeno grupo de amigos. Estavam tomados de curiosidade e fervor, e começaram a percorrer a Alemanha "cantando *La Madelon* sob os olhos respeitosos dos bávaros".⁸⁰ Era o início das *Cem horas de Hitler*, como Brasillach intitulou sua reportagem no calor do momento, publicada na *Revue Universelle*.

No início, cautela e obviedade: "Nem a Alemanha nem o hitlerismo são coisas simples".⁸¹ Certamente, é "um país estranho",⁸² não é fácil esquecer que fora o primeiro inimigo. E então surgem aquelas pequenas cidades, aqueles vilarejos que parecem pousados "no meio de paisagens encantadoras e verdes como brinquedos e decorações".⁸³ Não há cartazes, ao contrário da Itália fascista. Somente grande quantidade de bandeiras. Algumas, imensas, cobrem cinco andares. E não destoam das pedras antigas. "É a velha Alemanha do Sacro Império Romano que casa com o Terceiro Reich."⁸⁴ A junção já está pronta. E as pessoas esperam participar dos "ritos sagrados da nova Alemanha".⁸⁵

Tudo está festivamente ornamentado. Trocam-se poucas palavras: convites para voltar no ano seguinte e, às vezes, na entrada de certos vilarejos ou em certas pousadas, a frase "Aqui os judeus não são *bem-vindos*".⁸⁶ Um traço, comenta Brasillach, de "contida cortesia".⁸⁷

Chegando a Nuremberg, o grupinho visita a grande exposição antimarxista. A França comparece com Rousseau, inspirador da Revolução. Mas contrabalançado por Voltaire e Napoleão, dos quais "expõem frases antissemitas em letras garrafais".⁸⁸ Mais divertida, em Erlangen, é a exposição antimaçônica, numa loja transformada em museu didático. Visita guiada. Mas o grupinho está impaciente. Quer entrar no "recinto mágico" onde se realizará "a cerimônia hitleriana".⁸⁹ Finalmente se avista o estádio do Zeppelinfeld, "naquela arquitetura quase micênica tão cara ao Terceiro Reich".⁹⁰ Cem mil sentados, "duzentos ou trezentos mil na arena".⁹¹ Os estandartes com a cruz gamada estalam ao sol.

Desfilam os batalhões de trabalho, em filas de dezoito, com as pás ao ombro.

> A missa do trabalho começa.
> "Estão prontos para fecundar a terra alemã?"
> "Estamos."
> Cantam, rufam os tambores, evocam-se os mortos.[92]

Brasillach já se sente próximo daquilo que procurava: "Quando o estádio se esvazia lentamente de seus oficiantes e espectadores, começamos a entender o que é a nova Alemanha".[93]

Ficaria ainda mais claro no dia seguinte. É noite. "O estádio imenso está levemente iluminado por refletores que permitem entrever os batalhões maciços e imóveis das SA de uniforme marrom."[94] No meio, um corredor que vai da entrada do estádio à tribuna do Führer. Que chega às oito em ponto. Os aplausos são estrondosos, "e quem mais grita são os austríacos".[95] Inúmeros refletores se acendem subitamente, apontados para o céu. "São milhares de colunas azuis que agora o cercam, como uma jaula misteriosa."[96]

Depois o silêncio. Apenas um refletor na "massa vermelha"[97] das bandeiras que se movem na direção do palco como uma "torrente de lava purpúrea".[98] Vinte minutos de "um silêncio sobrenatural e mineral".[99] Brasillach, homem de cinema, anota: "Creio que nunca vi na vida espetáculo mais prodigioso".[100] Por fim, até DeMille poderia descobrir qual é realmente "o maior espetáculo do mundo".

Jantar às portas de Nuremberg, "no acampamento das SS. Seremos recebidos por Himmler, chefe das SS, senhor da Gestapo, e Goebbels em pessoa presidirá ao jantar".[101] É um banquete oficial como tantos outros, com chucrute, salsicha bávara, vinho da Frankônia. Mas no final se instaura o recolhimento, na descida da bandeira. Um trompete "tocou uma ária nostálgica e lentamente a bandeira vermelha com a cruz gamada desceu".[102] É o momento dos pensamentos graves, solenes. E Brasillach se pergunta se "agora os grandes sentimentos são incompreensíveis para a França".[103] Pensa, com dor, "naquilo que a democracia fez da França".[104]

E Hitler? Brasillach já o ouvira em 1933, na rádio e no cinema. Agora passa a impressão de "maior moderação. Não gesticula mais, fala quase sem pausas, com as mãos cruzadas".[105] Brasillach e amigos são convidados por Von Ribbentrop para um chá em que se prevê a presença do Führer. E ele finalmente aparece:

> O habitual uniforme, que surpreende, o casaco amarelado, as calças pretas. O topete. O rosto cansado. Também mais triste do que eu pensava. Só de perto se vê seu sorriso. Um sorriso quase infantil, como é tão frequente nos senhores da guerra. "É tão gentil", dizem seus colaboradores, de maneira surpreendente. Apresentam-lhe algumas pessoas, aperta as mãos com o olhar ausente, responde com poucas palavras. E nós permanecemos ali, estupefatos.[106]

Mas há algo mais: os olhos. "São olhos de um outro mundo, olhos estranhos, de um azul muito escuro e profundo em que mal se distingue a pupila. Como adivinhar o que se passa ali?"[107] Talvez "um amor sem limites pela *Deutschland*, a terra alemã, a real e a que está por ser construída"?[108] Mas uma coisa é certa: "Esses olhos são graves. Cheios de uma angústia quase intransponível, de uma ansiedade inaudita. [...] Sentimos fortemente, fisicamente, que terrível prova é guiar uma nação, guiar a Alemanha rumo a seu destino devorador".[109] Brasillach conclui: "Jamais esquecerei, creio eu, a cor e a tristeza dos olhos de Hitler, que são, sem dúvida, o seu enigma".[110]

Repensando, o momento mais intenso tinha sido a consagração das bandeiras:

> Apresentam ao Führer a "bandeira do sangue", que era carregada pelos manifestantes mortos durante o *Putsch* fracassado de 1923 [...] O chanceler pegou com uma das mãos a bandeira do sangue e com a outra os novos estandartes que iria consagrar. Diríamos que por ele passa um fluido ignorado e que a bênção dos mártires agora se estende aos novos símbolos da pátria alemã. Cerimônia puramente simbólica? Não creio.[111]

Para Brasillach, não basta o símbolo, é preciso

> uma espécie de transfusão mística análoga à da água benta do sacerdote — ou mesmo, digamos, à da Eucaristia. Quem não vê na consagração das bandeiras o análogo da consagração do pão, uma espécie de sacramento alemão, corre o grande risco de não entender nada do hitlerismo.[112]

De fato, nada compreendiam — sugere Brasillach — aqueles que discutiam se o hitlerismo era pagão ou cristão. Era um e outro. Mas, acima de tudo, tornava ambos supérfluos. Tornava tudo supérfluo, exceto ele mesmo. O sacrifício pagão? Era uma tímida aproximação daquele a que se propunha o chanceler: "Sacrificaria tudo, a felicidade humana, até a sua e a do seu povo, se se impusesse a ele a obediência ao misterioso dever".[113] E não há dúvida de que aquele "misterioso dever" se impõe a ele continuamente. E o sacrifício cristão? Renova-se a cada consagração das bandeiras. Ou seja, com bastante frequência. E com traços de verdadeiro sangue. Não por acaso Brasillach escreveu "transfusão" e não "transubstanciação". Não se fala mais de um "memorial". Não são mais necessários os símbolos. Não há mais o vinho que se transforma em sangue. Há o sangue coagulado que agora escorre no sangue dos vivos.

O próprio Brasillach sente certo medo daquilo que está dizendo: "É a esse ponto que ficamos inquietos".¹¹⁴ Mas não levanta objeções. E parte de Nuremberg com essa "impressão final [...] belos espetáculos, bela juventude, vida mais fácil do que se diz. Mas sobretudo mitologia surpreendente de uma nova religião".¹¹⁵ A pegajosa e rançosa política terminou. Agora se fala de *mitologia* e de *religião*. Inventadas, fundadas e praticadas em questão de quatro anos. Prontas para se expandir por toda parte, com efeitos benfazejos. Brasillach, que estreara com um livro sobre Virgílio, que tirara Nono e Licofronte das prateleiras pouco frequentadas da biblioteca da École Normale, que mantivera conversas brilhantes com Valéry, Giraudoux e Thibaudet, que despertara a simpatia de Colette, que venerava Tintoretto e Carpaccio, que apresentara Hollywood numa das primeiras histórias do cinema, voltou a Paris com essas firmes convicções, depois das suas "cem horas" em Nuremberg ao redor de Hitler.

1939. Nem todos tinham vontade de ler as 778 páginas de *Mein Kampf*. Mas não poucos se lançaram a *Hitler m'a dit*, de Hermann Rauschning, publicado em Paris pela primeira vez naquele ano. Afinal, não era o livro de um simples jornalista, mas de alguém que fora presidente do Senado na cidade livre de Danzig em 1933-4. E não havia dúvida de que vira Hitler de perto.

Só perto do final do livro é que Rauschning apresentava a doutrina esotérica de Hitler: "Vou revelar um segredo. Estou fundando uma ordem".¹¹⁶ Algo semelhante à Ordem dos Cavaleiros Teutônicos. Já ocorrera uma reunião fechada na fortaleza de Marienburg. Mas Hitler via um futuro constelado de fortalezas da Ordem:

> Nos Burg da Ordem criaremos uma juventude diante da qual o mundo tremerá. [...] A única ciência que exigirei desses jovens é o

domínio de si mesmos. Aprenderão a domar o medo. É o primeiro grau da minha Ordem, o grau da juventude heroica. Dali sairá o segundo grau, o do homem livre, do homem que é medida e centro do mundo, do homem criador, do Homem-Deus. Nos Burg da Ordem, o Homem-Deus, a figura esplêndida do ser que não recebe ordens a não ser de si mesmo, será como uma imagem do culto e preparará a juventude para a etapa futura da maturidade viril.[117]

E os judeus? Hitler acabara de falar neles, pois os judeus também faziam parte da sua "doutrina esotérica", que "o obriga a professar um ódio metafísico pelo judeu".[118] Mas Rauschning queria saber mais:

> Perguntei-lhe se devia deduzir de suas palavras que a raça judaica devia ser totalmente exterminada.
> "Não", respondeu Hitler, "pelo contrário; se o judeu não existisse seria preciso inventá-lo. É preciso um inimigo visível e não apenas um inimigo invisível."[119]

18 de abril de 1939. Enquanto cava trilhas no jardim de Kirchhorst, Jünger percebe que a pá

> esmigalha os vermes, que se retorcem aos saltos. Nessas imagens, a dor nos toca brevemente como uma agulha cauterizadora. Entende-se que a dor esteja simbolizada nos vermes e que o homem, quando sofre indefeso, possa ser comparado ao verme. Além disso há a posição, à altura do solo, imagem da baixeza, sem dispor da rapidez da serpente, da sua couraça e das suas armas. E, por fim, há aquela pele nua, sem pelos nem proteção, a cegueira e sobretudo aquele retorcer-se com que o corpo se torna espelho da sensação.
> Sempre que se vê um verme se contorcer, a repugnância se mescla

à piedade, como com o porco, ao qual é afim pelo modo de sofrer. Suponho que ambos levam a existência despreocupadamente: o verme vive na terra gorda como num país da Cocanha e o porco se deixou degradar ao nível de adiposo voraz, o que pressupõe, se não uma aquiescência, pelo menos uma predisposição. Inversamente, existem animais que dão a ver seu sofrimento com grande nobreza.[120]

Mas porcos e minhocas provocam outra reflexão. O que os une? Não será, talvez, o caso de observar que "as atrocidades atingem facilmente certos tipos que têm uma relação particular com a substância bruta e física da dor"?[121] Mas como será formada essa família de seres tão "misteriosa"[122] quanto a dos vermes? Por exemplo, de certas "mulheres que excitam abertamente o desejo",[123] ou de certas pessoas que são "possuídas pela aspiração de uma vida abastada, opulenta".[124] São esses tipos de seres que atraem as atrocidades: "Por exemplo, correm grande perigo aqueles que o povo chama de sanguessugas, e as mulheres de vida ligeira atraem os carniceiros".[125] Impossível ser mais claro. "Porcos" e "vermes" eram então (e desde muito tempo antes) epítetos aplicados aos judeus. Mas sem dúvida podiam se referir a outros também. Mas "sanguessugas"? Este era o termo específico reservado aos judeus, enquanto sugavam o sangue saudável do povo. A guerra ainda ia começar, mas Jünger, em suas divagações de jardineiro-naturalista, já entrevia o que estava para acontecer. "O medo nu sempre atrai o terrível."[126]

7 de junho de 1939. No pós-escrito de uma carta a Margarete Steffin, Benjamin escreve:

PS Karl Kraus morreu cedo demais. Ouça-me: a Sociedade Vienense do Gás suspendeu o fornecimento de gás aos judeus. O consumo de gás por parte da população judaica trazia prejuízos para a Sociedade do Gás, porque, mesmo sendo os maiores consumidores, não pagam as contas. Os judeus usam o gás preferencialmente para o suicídio.[127]

23 de agosto de 1939. Arthur Koestler lê no *Eclaireur du Sud--Est* o comunicado Havas informando sobre o pacto Hitler-Stálin e começa a dar socos na cabeça. Daphne Hardy, que está a seu lado, diz: "Eu esperava isso".[128] Tinha 21 anos, "nascera no ano do Tratado de Versalhes e não podia entender por que um homem de 35 anos havia de se agitar tanto com o sepultamento de suas ilusões — pertencendo ela a uma geração que não as tinha".[129]

Na época, moravam felizes no que restava da casa de uma amante anglófila do príncipe de Mônaco, em Roquebillière, "la Perle de la Vésubie", no interior da Côte d'Azur. Koestler escrevia *O zero e o infinito* e logo antes pusera algumas palavras na boca do personagem Gletkin, inquisidor da NKVD [Ministério do Interior da URSS]: "Não nos abstivemos de trair os amigos e de fazer acordos com os inimigos, a fim de salvar o Bastião. Esta era a tarefa que a história nos dera, a nós que representamos a primeira revolução vitoriosa".[130]

Koestler relatou aqueles dias em *Scum of the Earth* [A escória da terra], escrito entre janeiro e março de 1941, antes que os alemães atacassem a Rússia. Naquele momento, o pacto selado por Molotov e Ribbentrop se tornou uma sinistra lembrança. E a URSS pôde parecer o último bastião. Mas Koestler não quis mudar uma palavra do registro de suas reações à notícia do pacto e, autorizando o livro para publicação em agosto de 1941, acrescentou uma frase iluminadora, que reverbera sobre tudo o que foi escrito sobre aqueles anos, *depois* daqueles anos: "Contrabandear elementos daquilo que se veio a saber depois, introduzindo-os na descrição do estado mental das pessoas num período anterior, é para os escritores uma tentação frequente, à qual se deve resistir".[131]

E assim chegara a ele e a Daphne a percepção do início da guerra. Haviam parado em Le Lavandou, no Restaurant des Pêcheurs, "um daqueles restaurantes encantadores que fazem lembrar certos almoços na França como coloridos marcos do passado".[132] Em certo momento, "chegou a garçonete com o entrecôte e, enquanto punha os pratos na mesa, disse sem inflexão na voz: 'Acabaram de anunciar na rádio que hoje cedo os alemães abriram fogo sobre a Polônia. O governo decretou a mobilização geral'".[133] Mas, naquele momento, a imagem foi mais forte do que as palavras:

> Além de nós, havia no restaurante apenas um casal de idade, numa mesa próxima. Os dois estavam de preto e a mulher, de olhos vermelhos e saltados, fez um aceno com a cabeça em nossa direção com ar de sombria recriminação. Comera e bebera muito fartamente sem perder o olhar sombrio — era o tipo de francesa que, ainda com o vestido de noiva, já traz no rosto a futura viúva. Continuou a acenar na nossa direção e tive a impressão de que os seus olhos queriam adivinhar como ficaria G. [Daphne Hardy] com um véu negro. Era como se agora começasse para ela uma grande época, uma espécie de verão de são Martinho, alimentada pela negra linfa do desespero geral.[134]

10 de junho de 1940. Giaime Pintor tem 21 anos, traduz Rilke e também praticou o alemão no *Völkischer Beobachter*. Com dois amigos — Mischa Kamenetzky (mais tarde se chamará Ugo Stille), que dali a alguns meses emigrará para os Estados Unidos a fim de escapar das perseguições raciais, e Valentino Gerratana, futuro funcionário do Partido Comunista Italiano —, une-se

à onda de pessoas que se dirige para a Piazza Venezia. Uma multidão enorme ocupava a praça; estávamos comprimidos numa esquina no meio daquele curioso povo de Roma que briga e ri nas circunstâncias mais graves. Depois de muitos clamores e invocações, abrem-se as portas e aparece Mussolini. Não ouvi quase nada do discurso; estávamos como surdos. "O que ele disse?", perguntavam os vizinhos quando um grito de entusiasmo interrompia o *duce*. Depois chegaram as palavras "embaixadores da França e da Inglaterra", "entregues" [...] e nós três entendemos que era a guerra. Até aquele momento ninguém tinha certeza. O discurso foi curto e depois todo aquele povo barulhento e feliz se espalhou pelas ruas e correu ao Quirinale para saudar o Rei. Acompanhamos perplexos o movimento da multidão, olhando os rostos excitados das mulheres e gozando o maravilhoso crepúsculo de junho.[135]

Junho de 1940. Klaus Mann em Nova York, estarrecido com as notícias: "Os nazistas em Paris. A Alemanha exulta, a 'outra' Alemanha também. Hitler dança de júbilo".[136] Poucos dias depois, o pensamento mais chocante:

> Se Hitler fosse marchar sobre Londres, como marchou sobre Paris, sem que os Estados Unidos movessem um dedo, o que aconteceria com a democracia americana? Uma América que tolerasse a vitória do fascismo estaria, ela mesma, madura para o fascismo. Que ideia terrível! No lugar de um sargento senil, o papel de Quisling caberia aqui a um belo aviador atlântico. Charles Lindbergh na Casa Branca...[137]

Poucos dias depois, aparece

> uma recém-conhecida estranha: a jovem Carson McCullers, autora do belo romance *O coração é um caçador solitário*. Acaba de chegar

do Sul. Curiosa mescla de refinamento e selvageria, "*morbidezza*" e ingenuidade. Talvez muito dotada. O trabalho a que se dedica agora vai tratar de um negro e de um imigrante judeu: dois párias. Pode sair algo interessante.[138]

Outono de 1940. Lisboa se tornou "o gargalo da Europa".[139] Desfilam todos aqueles que fazem parte dos renegados. Portanto, mais ou menos todos, "do A do Austríaco Monarquista ao Z do Sionista Judeu. Todas as nações, religiões, partidos europeus estavam representados naquela procissão, inclusive os nazistas dissidentes da facção de Strasser e os fascistas italianos caídos em desgraça".[140] Koestler os observa. É um deles, um dos tantos. Aliás, pertence a várias daquelas categorias. Como último recurso, alistara-se na Legião Estrangeira sob o nome de Albert Dubert ("Achei que 'Dubert' soava muito respeitável: era o nome do chefe de polícia de Limoges").[141]

Chegavam incessantes notícias de prisões, desaparecimentos, suicídios. Sobretudo suicídios. Isso inquietava as autoridades francesas:

> Uma parte notável dos exilados políticos alemães ainda estava em campos de internamento, como Le Vernet, ou presos pela segunda ou terceira vez, à espera da extradição para a Alemanha, conforme o artigo 19 do tratado de armistício. Como o número de suicídios crescia, as autoridades francesas haviam tomado precauções especiais.[142]

E isso porque "a mercadoria deveria se manter pronta para a entrega".[143]

Mas as notícias dos suicídios continuavam a chegar — e Koestler anotava:

Mais suicídios: Otto Pohl, veterano socialista, ex-cônsul austríaco em Moscou, ex-diretor da *Moskauer Rundschau*. Walter Benjamin, autor e crítico, meu vizinho na rue Dombasle, 10, em Paris, o quarto nas nossas partidas de pôquer aos sábados e uma das pessoas mais bizarras e espirituosas que já conheci. A última vez que o vi, eu estava em Marselha, junto com H., um dia antes de partir, e ele me perguntara: "Se tudo der errado, tem alguma coisa para tomar?". Naqueles dias, todos nós tínhamos "alguma coisa" no bolso, como conjurados num romance de horror; só que a realidade era ainda mais horrível. Eu não tinha nada e ele dividiu comigo aquilo que tinha, 62 comprimidos de um sedativo que arrumara em Berlim na semana seguinte ao incêndio do Reichstag. Relutava em fazê-lo, porque não sabia se os 31 comprimidos que lhe sobravam seriam suficientes. Foram. Uma semana depois da minha partida, ele foi para a Espanha passando pelos Pireneus. Tinha 55 anos e sofria do coração. Em Port Bou, a Guarda Civil o prendeu. Disseram-lhe que o enviariam no dia seguinte de volta para a França. Quando vieram buscá-lo para conduzi-lo ao trem, estava morto.[144]

1941. Simone Weil fica impressionada com uma coletânea de textos de Planck, recém-publicada. A seu ver, foi Planck, bem mais do que Einstein, quem instaurou uma "ruptura radical no desenvolvimento da ciência".[145] A ideia dos quanta é "extraordinária e subversiva em si",[146] mesmo que talvez estivesse errada em algumas de suas aplicações. Mas passará a ser o novo fundamento do mundo. Há também um fato estranho: quando se afasta dos quanta, Planck só diz banalidades. Fala como um homem honesto "na acepção comum da palavra", provido de bom senso, "o que já é muito".[147] Mas nada mais. Portanto, o mundo se fundará numa ciência que não pode entender, descoberta por um homem que, fora do âmbito da ciência, não tem nada de significativo a dizer.

Apesar disso, é "em nome da ciência que nós, homens brancos […] percorremos como senhores o globo terrestre, pisoteando a cada passo algum tesouro".[148] A ciência é para os ocidentais o que a Igreja católica era para Cortés e Pizarro. Mas eles ainda faziam alguma ideia do que eram os sacramentos.

Dois anos depois, em Londres, Simone Weil escrevia o *Prelúdio a uma declaração dos deveres em relação ao ser humano*. Queria isolar alguns princípios inabaláveis. E indagava qual seria seu ponto de apoio. A religião já não servia porque agora era algo "de domingo de manhã".[149] E a ciência? Somente os descrentes, os quais, porém, acreditam na ciência todos os dias, "têm um sentimento triunfante de unidade interior".[150] Este, porém, é ilusório. Sua moral está "em contradição com a ciência tanto quanto a religião dos outros".[151] A ciência, de fato, não é moral. Os quanta não fornecem regras de conduta. Weil extrai as conclusões:

> Hitler viu-o claramente. Ele o mostra aliás a muita gente, em toda a parte onde é sensível a presença ou a ameaça dos ss, e mesmo mais longe. Hoje não há muito mais do que a adesão sem reservas a um sistema totalitário pardo, vermelho ou outro, que possa dar, por assim dizer, uma ilusão sólida de unidade interior. É por isso que ela constitui uma tentação tão forte para tantas almas confusas.[152]

12 de janeiro de 1941. Jardineiro bem menos experiente do que Jünger, Gide também favorecia as imagens hortícolas, principalmente quando se aproximava dos pontos mais dolorosos. Tomava impulso de longe, falando a si mesmo:

> Nos tempos em que você se ocupava de jardinagem, não terá talvez entendido que o único modo de preservar, proteger, salvaguardar o que é primoroso, melhor, é suprimir aquilo que não é tão bom?

Você bem sabe que isso não pode acontecer sem dar uma impressão de crueldade, mas essa crueldade é prudência.[153]

Do que Gide está falando? Certamente não de si mesmo, um sujeito bem mais urbano do que rural. Está falando de Hitler, "daquele que quer ser o grande jardineiro da Europa".[154] Talvez ninguém, até então, tivesse se arriscado a defini-lo assim. Mas em Paris sempre se encontra algo mais sutil, mais afinado do que em outros lugares.

Gide, porém, é o homem da dúvida e da contínua revisão de si mesmo. Como definir, então, o empreendimento desse novo jardineiro europeu? "Aquele trabalho é mais desumano do que sobre-humano."[155] Devemos nos perguntar se "aquilo que sua força destrói não tem mais valor, infinitamente, do que aquela própria força e aquilo que sustenta oferecer-nos".[156] O golpe desferido foi duro e repentino — e demanda uma pausa. Mas imediatamente o fôlego retoma: "O teu sonho é grande, Hitler; mas o preço a pagar para que se realize é alto demais".[157] É uma nesga de intimidade, bem superior à que se manifestou entre Goethe e Napoleão. E imediatamente segue a desconsolada conclusão, a propósito daquele sonho: "Se fracassa (porque é sobre-humano demais para realizar-se), o que restará sobre a terra, no fim das contas, a não ser luto e devastação?".[158]

Fevereiro-março de 1941. A princesa Marie — para os amigos Missie — Vassiltchikov (bielorrussa, 24 anos, bonita) gostava de trabalhar no Departamento de Informações do Ministério das Relações Exteriores em Berlim. "Aqui a atmosfera é muito mais agradável",[159] anotava, pensando em seu emprego anterior no Serviço de Rádio, funcionária de Goebbels. Os escritórios eram "perfeitamente equipados de cozinhas, banheiros etc.".[160] Um privilégio, em tempo de guerra. E, acima de tudo, Missie falava quase sempre em inglês com o seu chefe, Adam von Trott zu Solz, e outros funcionários. Um deles, "um homem muito gentil respeitado por todos", é substituído por um "jovem e agressivo ss comandante de brigada chamado Stahlecker, que circula com botas de cano alto, estalando um chicote, com um pastor alemão ao lado. Estão todos preocupados com essa mudança".[161] Evitam Stahlecker o máximo possível. "Há algo de sinistro nele."[162]

Mas Stahlecker ficaria no ministério só de passagem. Em junho é nomeado chefe do Einsatzgruppe A, grupo móvel de intervenção nos países bálticos e na Bielorrússia. Num relatório do inverno de 1941 para Berlim, Stahlecker informa que o Einsatzgruppe A já havia matado 249 420 judeus.

Junho de 1941. Peter Viereck tinha 24 anos e se formara com louvor em Harvard. Seu tormento continuava a ser o pai, George Sylvester Viereck, autor de livros que incluíam um romance de vampiros e a divulgação de um tratamento hormonal para rejuvenescer. Fora também o primeiro americano a entrevistar Hitler, em 1923. Julgara-o um homem "reflexivo, de amplas leituras".[163] Ultimamente, George Sylvester era chamado de George Swastika Viereck porque propagandeava o nazismo (expurgado, porém, do antissemitismo). No fim, fora detido pelo FBI por conspiração.

O jovem Viereck olhava em torno de si e constatava que, nos Estados Unidos, pouco se sabia e menos ainda se compreendia Hitler. Muitos pensavam que as ideias de Hitler eram invenção dele mesmo — ou, de todo modo, que suas ideias não tinham grande importância. Viereck então começou a escrever *Metapolitics*, que foi publicado pouco antes de Pearl Harbor. Com ímpeto e vigor, tentou reconstruir o itinerário *Dos românticos a Hitler* (era o subtítulo), mostrando que certas ideias de Hitler já haviam sido imensamente populares na Alemanha oitocentista, na baixa, na média e na alta cultura.

Nesses mesmos meses, Brecht estava escrevendo *A resistível ascensão de Arturo Ui*, em que Hitler é apresentado como um gângster que quer dominar o esquema do cartel da couve-flor. O jovem Viereck não tinha como saber, mas sua introdução a *Metapolitics* já respondia impecavelmente a Brecht e aos muitos que o seguiriam:

> A pergunta usual é se os homens no poder, Hitler em especial, são tão sinceros quanto a massa que se submete a eles. Ou são apenas gângsteres cínicos que riem de suas próprias ideias improvisadas? É uma pergunta tosca demais, desprovida demais de fineza psicológica para que se possa respondê-la de modo positivo ou negativo. O verdadeiro problema não reside nessa alternativa (*se-ou*). Tanto *se* quanto *ou* se compatibilizam; essa combinação é um absurdo lógico, mas um fato psicológico. Em outras palavras, os engodos ocorridos são, na maioria, sinceros; os demagogos estão, na maioria, honestamente inebriados por seus próprios apelos cínicos e desonestos.[164]

18 de junho de 1941. Malaparte está no mar Negro, "na margem da URSS".[165] Do outro lado da ponte do Brateş "se ergue o rústico arco triunfal soviético, encimado pelo troféu ritual da foice e do martelo".[166] E do lado de cá?

> Uma multidão de gregos, armênios, ciganos, turcos, judeus, fervilha numa nuvem de pó amarelo, num clamor de vozes roucas, gritos, risos, berros, músicas de gramofone, naquele cheiro de urina de cavalo e de óleo de rosas que é o cheiro do Levante, o cheiro do mar Negro.
>
> Nas calçadas de todas as ruas se abrem centenas e centenas de

cafés, perfumarias, barbearias, lojas de miudezas, vitrines dos *croitori* [alfaiatarias], confeitarias, consultórios de dentistas. Barbeiros gregos com enormes sobrancelhas pretas, de rosto cor de oliva atravessado por imensos bigodes negros, reluzentes de brilhantina; *coafor* [cabeleireiros] para mulheres, de bastas cabeleiras cor de piche encaracoladas a ferro quente, compostas em arquiteturas barrocas; confeiteiros turcos com mãos gotejantes de mel e manteiga, braços recobertos de amêndoas trituradas e pedacinhos de pistache até o cotovelo; perfumistas, sapateiros, fotógrafos, alfaiates, tabaqueiros, dentistas nos cumprimentam com vozes cantantes, com gestos solenes, com grandes vênias. Todos nos convidam a entrar, sentar, experimentar o pente, a navalha, a roupa, os sapatos, o chapéu, a cinta para hérnias, os óculos, a dentadura, a passar perfume, frisar o cabelo, depilar, tingir e, enquanto isso, o café turco espumeja nas pequenas jarras de cobre reluzente e os jornaleiros anunciam os títulos da *Actiunea* ou declamam em voz alta os últimos comunicados sobre a "situatia pe fronturile de lupta" [a situação nas frentes de batalha], e intermináveis cortejos de mulheres pilosas, enfeitadas, cacheadas passam e repassam pelas calçadas, diante das mesas dos cafés cheios de levantinos gordos, sentados com as pernas abertas como nos desenhos de Pascin, que era de Braila.[167]

28 de junho-6 de julho de 1941. Naqueles dias em Iași, na Moldávia, foram mortos cerca de 13 mil judeus. Em 12 de junho, Hitler dera início à Operação Barbarossa, invadindo a Rússia com suas tropas. Em 27 de junho, o marechal Antonescu ordenara ao coronel Constantin Lupu, comandante da guarnição de Iași, que eliminasse qualquer presença judaica na área. Todos os judeus deviam ser considerados criptossoviéticos, inimigos agindo pelas costas. A operação ordenada por Antonescu teve a unânime participação dos moradores de Iași, junto com as tropas alemãs e ro-

menas. Nenhuma categoria deixou de dar sua contribuição às mortes e aos saques. Estavam unidos, para além de classe e riqueza.

Malaparte era "o único oficial italiano em toda a Moldávia".[168] Os soviéticos já haviam começado os bombardeios. Era preciso procurar um refúgio seguro. Malaparte empurrou uma porta e entrou numa casa provavelmente abandonada de repente. "As cortinas das janelas tinham sido rasgadas e jogadas aos farrapos aqui e ali pelos aposentos."[169] As penas de ganso do colchão rasgado flutuavam no quarto de dormir. Era uma "casinha no fundo de uma grande horta abandonada, bem na frente do fim da estrada Lapusneanu, ao lado do Jockey Club e do Café Restaurant Corso",[170] o mais elegante da cidade. A horta abandonada, como Malaparte depois se deu conta, era o antigo cemitério ortodoxo de Iaşi.

"Uma estranha angústia pesava sobre a cidade. Uma enorme, maciça, monstruosa catástrofe, azeitada, lustrada, calibrada como uma máquina de aço, estava para esmagar em suas engrenagens as casas, as árvores, as ruas, os habitantes de Jassy."[171] Malaparte acompanhara Marioara, de dezesseis anos, garçonete do Café Corso, até sua casa depois do toque de recolher. No momento da despedida, "erguia-se dos bairros de Nicolina, Socola, Pacurari, um clamor confuso, um crepitar de metralhadoras, os estrondos surdos das granadas.

"'Oh oh oh, estão matando os judeus', disse Marioara prendendo a respiração."[172]

Depois Malaparte fez com que Marioara entrasse em casa e tentou encontrar o caminho até o cemitério ortodoxo:

> Na praça Unirii um grupo de ss, ajoelhados perto do monumento do príncipe Guza Voda, disparava as metralhadoras na direção da pracinha, onde se ergue a estátua do príncipe Ghiha em trajes moldavos, com o grande casaco forrado, a cabeça coberta pelo alto barrete de pele. Ao clarão do fogo se via uma multidão negra e

gesticuladora, na maioria de mulheres, amontoada aos pés do monumento; de vez em quando alguém se levantava do grupo, corria de um lado e outro da praça, caía sob o chumbo das ss. Turbas de judeus fugiam pelas ruas, perseguidos por soldados e civis enfurecidos, armados com facas e bastões de ferro; grupo de policiais arrombavam as portas das casas com a coronha da espingarda, as janelas se abriam de chofre, mulheres de camisola e cabelos desgrenhados apareciam agitando os braços e gritando, algumas se jogavam da janela, batendo o rosto num baque abafado sobre a calçada. Equipes de soldados passavam jogando granadas pelas aberturas no nível da rua, que davam para os porões por onde muitos buscavam uma inútil fuga, e alguns dos soldados se punham de cócoras para espiar dentro dos porões o efeito das explosões, virando-se para rir com os companheiros.[173]

Era apenas o início.

20 de julho de 1941. Goebbels tinha grande cuidado em diferenciar seus discursos como ministro e seus artigos como jornalista. Eram dois estilos diferentes. Para os discursos, bastava ditar por quinze minutos para o estenógrafo. Em certos dias de grande tensão, quem estivesse na sala de espera podia ver o estenógrafo sair mesmo depois de doze minutos, como disse Hans Schwarz van Berk. Era muito diferente no caso dos artigos. A preparação era escrupulosa: conferiam-se os documentos e as citações. Às vezes o artigo ficava em suspenso durante uma semana e "cada palavra era pesada como que numa balancinha de farmácia",[174] garantia o mesmo Schwarz van Berk. Nesses artigos, Goebbels queria competir com os grandes folhetinistas dos jornais mais abominados pelo regime, como o *Frankfurter Zeitung*. Queria

vencê-los em seu próprio terreno, tal como queria que a UFA [Universum Film Aktien] vencesse Hollywood.

Durante a guerra, Goebbels publicou uma coletânea de artigos com um título apropriado: *Die Zeit ohne Beispiel, A época sem precedentes*. Os nomes de Mr. Churchill, Lord Halifax, Mr. Roosevelt, Monsieur Daladier, Mr. Chamberlain pontuam as páginas, como se a guerra fosse uma questão a ser resolvida com eles. E finalmente chegava a vez dos judeus, aos quais era dedicado apenas um artigo entre os 87 da coletânea. O título era *Mimikry*. E era imediatamente explicado: "Os judeus são conhecidos pelo fato de saberem se adaptar magistralmente ao ambiente ou à situação do momento, sem, porém, perderem a sua essência. Praticam o mimetismo (*Mimikry*)".[175] Em poucas palavras se revelava o segredo dos judeus, sobre o qual tantos se haviam debruçado por tantos anos: a habilidade na imitação. Não devia ser considerado um mero pecado venial, Goebbels avisava desde logo: "É um sistema de impostura pública que, se bem aplicado, produz a paralisia do espírito e da alma de um povo inteiro e, a longo prazo, sufoca todas as defesas naturais".[176] E prontamente fornecia um exemplo: se o nacional-socialismo não tivesse surgido, "nosso país estaria maduro para o bolchevismo, a diabólica infecção que o judaísmo pode provocar num povo".[177] Mas não eram os judeus, em primeiro lugar, cúmplices do capital? "A mais brutal plutocracia se serve do socialismo para alcançar a mais brutal ditadura do dinheiro. Com a ajuda da revolução mundial, esse experimento já realizado na União Soviética seria transferido para os outros povos. O resultado seria o domínio mundial do judaísmo."[178] Quais as consequências que se preparavam para os judeus? "O castigo que então recairá sobre eles será terrível. Não podemos fazer nada, vem por si só, porque deve vir."[179]

Não sabemos se essas palavras foram pesadas na balancinha de farmácia. Mas Goebbels, sem dúvida, quis tocar o ponto crucial: o ódio pelos judeus não dependia de questões históricas ou doutrinárias, mas remontava a muito antes, ao momento em que o *Homo* desenvolvera sua capacidade de imitação até se assimilar a seus primeiros inimigos: os predadores. Agora — sugeria Goebbels — os judeus teriam de se medir com outros homens, que não precisaram se assimilar aos predadores, pois eles mesmos se arrogavam o título de predadores primordiais. Ao contrário dos judeus, os nacional-socialistas não tiveram de imitar ninguém. Eram sempre e somente eles mesmos. Uma identidade rochosa, refratária, impenetrável. Por isso a eles cabia executar o "castigo terrível" contra os judeus. Os nazistas eram a tardia represália do mundo animal contra a espécie que violara a ordem, e os judeus eram os representantes eleitos dessa espécie.

Haviam se acumulado ao longo dos séculos as mais graves e infamantes acusações contra os judeus: a condenação de Jesus, os costumes torpes, os homicídios rituais, a usura. Mas agora tudo isso se dissolvia e subsistia apenas uma acusação, intacta e suficiente — uma culpa que também podia se intercambiar por um talento: *o judeu sabe imitar*. E o veneno se ocultava no corolário: o judeu sabe imitar tão bem que torna os imitados semelhantes a ele, assim conseguindo, ao final, comandá-los. Não era preciso mais nada para fundar a perene conspiração judaica. Goebbels, que era um homem de espetáculo, entendera muito bem: quanto mais iminente era o "castigo terrível" dos judeus, tanto mais a acusação contra eles devia se reduzir ao indispensável. E o que podia ser mais grave do que remontar àquele evento, perdido nas brumas da pré-história? Quase tudo era decorrência dele.

31 de julho de 1941. O empenho de certas populações locais em matar os judeus afetava consideravelmente o senso de ordem

de alguns departamentos do Serviço de Segurança germânico (SD), que registrava os fatos em seus relatórios:

> Os romenos procedem de maneira extremamente caótica em relação aos judeus. Contra os numerosíssimos fuzilamentos de judeus não haveria nada a objetar, se a preparação técnica e a situação não fossem totalmente inadequadas. Os romenos costumam deixar os justiçados no local, sem enterrá-los. O comando operacional solicitou à polícia romena que proceda de modo mais sistemático nesse sentido.[180]

Verão de 1941. Ar de Paris. Felix Hartlaub observa:

> *Il fait lourd* [está abafado]. Os muros parecem transpirar um gás cinza e pesado. Como alguém que teria de recobrar a respiração, mas continua a soltá-la, entre dentes, com as têmporas latejando. Como se algo na estrutura das pedras tivesse cedido de repente, como se os poros tivessem se dilatado [...]. A Place Vendôme está envolta numa verdadeira névoa azul [...].
>
> Atividades culturais: a Ópera de Estado de Berlim em Paris. Uma prima-dona levanta de súbito o rosto de um branco cadavérico e mostra apenas um pedacinho dele entre o casaco de peles e um buquê de flores.[181]

Verão de 1941. Hans Carossa:

> Desde o verão de 1941 circulam de boca em boca estranhos rumores que, de início, não encontram crédito em toda parte, mas depois, aos poucos, vão se confirmando: o grande ensandecido decidira matar os pobres louquinhos. Dessa vez não duvidei da verdade do que ouvia dizer: alguns problemas de aritmética no novo cader-

no da nossa filha menor me haviam preparado. "Um doente mental", diziam, "custa ao Estado X por ano — quanto custam três doentes mentais? Quanto custam trinta? etc.".[182]

7-11 de outubro de 1941. Tinha 63 anos. Era médico e *Dichter*, essa palavra que só existe em alemão e significa poeta, prosador, autor: aquele que dá forma às palavras. Era conhecido demais como escritor para que a associação dos escritores do Terceiro Reich não se lembrasse dele, não requisitasse seu nome. Tudo o que Hans Carossa escrevera, tudo o que iria escrever anos depois ecoava sempre uma qualidade: ele era pacato. O andamento da frase não admitia qualquer brusquidão. O leitor acompanhava surpreso essa lenta e inabalável soma das palavras. Nada como um escritor pacato para atrair as autoridades políticas e literárias do momento. E, além do mais, um escritor que certamente tinha raízes e ramagens na selva boêmia, parte daquela Grande Alemanha que iria se desenhar no mundo do extremo Norte até os Dardanelos.

Hans Carossa chegou a Weimar com a sensação de uma corda se apertando no pescoço. Mas vira muitos outros *Dichter* nas ruas. Pensou por um momento, num reflexo de astúcia camponesa, que talvez fosse uma dádiva. Seria mais fácil se mimetizar. Logo entendeu que mesmo a astúcia pode ser pueril. Às sete da manhã chegara a Weimar, ao meio-dia já fora nomeado presidente da Associação Europeia dos Escritores, da qual não sabia nada e antevia o pior. Só uma coisa lhe parecia certa: que os poucos escritores de língua francesa que venerava a gigantesca distância — André Gide, Paul Claudel, Paul Valéry, sons fascinantes — veriam aquela associação como algo a ser evitado a todo custo, com o qual não se deve manter qualquer contato, nem mesmo ocasional. Ficaria sozinho com os *Dichter* que pululavam pelas ruas de Weimar. Chegou também o momento dos discursos, dos agradecimentos. Disseram-lhe que todos esperavam algumas palavras suas. Hans Carossa disse: "Em todos os senhores, prezados cavalheiros, viceja sólida a fé, tal como em mim, de que uma renovação do Ocidente só poderá vir do espírito e da alma. Nesta convicção, acolho agradecido a expressão da sua confiança".[183]

10 de outubro de 1941. O marechal de campo Walter von Reichenau, comandante da sexta divisão alemã, quer determinar como as tropas devem se comportar no avanço para o leste. Duas semanas antes, haviam sido mortos 33 771 judeus com tiros disparados pelas ss ou por membros dos grupos de intervenção — e depois abandonados na fossa de Babi Iar. Logo a seguir, uma unidade de engenharia havia tapado a fossa. Com a mesma sequência — reunindo alguns judeus para uma suposta transferência e execução tão logo saíssem dos centros habitados —, poucos dias depois da determinação do marechal de campo foram mortos 1865 judeus em Lubny, nas proximidades de Kiev. A ação cabia sempre à Wehrmacht, em acordo com as ss e o sd-Einsatzkommando (grupo de intervenção especial) operante no local.

Von Reichenau quis dar uma justificativa abrangente para aquelas ações, que iam além das regras militares. Assim, sua determinação partia de considerações ideológicas:

> Quanto à conduta das tropas em relação ao sistema bolchevique, ainda persistem ideias por vários motivos não claras. A finalidade essencial da campanha contra o sistema judaico-bolchevique é a demolição total dos instrumentos de poder e o extermínio do influxo asiático no âmbito do círculo cultural europeu. Por conseguinte, surgem para as tropas tarefas que vão além da conduta militar tradicional e unilateral.
>
> O soldado nas regiões orientais não é apenas um combatente

segundo as regras da arte da guerra, mas o portador de uma inexorável ideia nacional-popular e o vingador de todas as bestialidades que foram cometidas contra a população alemã e as afins a ela. Por isso, o soldado alemão deve ter plena compreensão da necessidade de um duro mas justo castigo à sub-humanidade judaica.[184]

O marechal de campo Von Reichenau morreria de um AVC em janeiro de 1942, durante um voo que o levava de Poltava para a Alemanha. O funeral contou com a presença de Goebbels, o qual, porém, ficou descontente, conforme anotou no diário:

> Ao meio-dia ocorreu o funeral de Estado para o marechal de campo Von Reichenau. Preparado pelo Comando Supremo, bastante decadente, psicologicamente bisonho, com uma música absolutamente diletante. Depois dos hinos nacionais, os estudantes da escola de música do exército executaram, até onde conseguiram, o primeiro tempo da Quinta Sinfonia. Concordo com o general Schmundt em que, no futuro, mesmo os funerais oficiais da Wermacht devem ser essencialmente confiados ao nosso ministério, porque somente nós oferecemos a garantia de que sejam realizados numa forma digna do Estado.[185]

1942. Paris. Tinham amantes de uniforme alemão, fixos ou múltiplos, entre outras damas célebres da cidade: Arletty, Martine Carol, Coco Chanel, Corinne Luchaire, Mireille Balin, Florence Gould, Marie-Laure de Noailles, Michèle Alfa, Madaleine de Mumm.

Arletty, mestre em tiradas descaradas, diz a Mireille Balin e a Michèle Alfa: "Deveríamos fundar um sindicato".[186] Estavam filmando *La Femme que j'ai le plus aimée*.

Verão de 1942. Felix Hartlaub estava ligado ao serviço do Diário de Guerra, no quartel-general do Führer. Agora se encontrava na Ucrânia e *anotava enquanto observava*, como faria até abril de 1945, quando desapareceu ao tentar se reunir a uma unidade improvisada para a defesa de Berlim:

> Figuras femininas vultosas e brancas entram lentamente no rio ao longo do dorso arredondado de granito, segurando-se uma na outra pelos ombros, risos entrecortados, sílabas sonoras soltas no espelho de água. Mas ainda mais brancos são os sutiãs e as calcinhas que usam. Vê-se a cabeça de algumas nadadoras ao largo no rio, ouve-se a sua respiração, e os cabelos pretos molhados descem pelas faces largas. O rio em algumas partes é liso como se fosse polido, em outras é sombreado por tufos de plantas aquáticas que sobem ondulantes quase até a superfície. Folhas de ninfeias já refletem um pouco de luar nas bordas. De pé nas pedras, alguns militares fumam, pilotos aéreos com o displicente uniforme de verão — camisas claras, cinza-azuladas, de mangas arregaçadas, calções de tecido azul-escuro. A penugem dourada em volta dos joelhos e nos braços bronzeados reluz estranhamente. Olham para a lua, acompanham com os olhos a fumaça dos cigarros, contemplam as pontas dos sapatos oscilantes; desencorajam qualquer tentativa de começar uma conversa. Ao que parece, foram incomodados quando se encaminhavam para um inocente combate e batalha aquática com as banhistas. [...]
> E somente agora se descobre num precipício rochoso uma massa escura, enormes ombros forrados, bonés intumescidos, uma perna fina de rapaz que termina num grande sapato informe balança para além da borda do rochedo e se move em tempo: um grupo de rapazes do vilarejo, os irmãos menores das banhistas e seus companheiros. Aproximando-se mais, sente-se a tensão implacável de seus olhares ameaçadores e ao mesmo tempo aliciantes

que fitam os soldados sem pestanejar. Criam uma zona difícil de ultrapassar entre os soldados e as moças e, ao mesmo tempo, estabelecem uma relação.[187]

30 de agosto de 1942. Chegando a Sigmaringen para o casamento de Constantino da Baviera, Missie Vassiltchikov foi imediatamente levada ao castelo, "empoleirado no alto de uma rocha no meio da cidadezinha, cheio de telhados, claraboias, torrezinhas, como um daqueles castelos de marzipã nas fábulas alemãs. Entramos num elevador na base da rocha e nos levaram pelo menos dez andares acima".[188] Chegando a seu quarto, Missie quer tomar um banho e cochilar um pouco, enquanto os convidados estão na missa na capela da família. Oferecem-lhe ovos pochés e uma pera. Difícil dormir, porque o órgão estrondeja. Na cama, Missie percorre a lista dos convidados, "que parece incluir milhões de Hohenzollern e Wittelsbach, sobretudo de idade avançada".[189] Mais tarde, Constantino conduz Missie por "intermináveis corredores, escadas que sobem, escadas que descem, de novo escadas que sobem"[190] para ir conhecer a noiva. Dos quartos nos corredores irrompem jovens arquiduques, "esguios e bem-educados",[191] como num musical.

31 de agosto de 1942. É o dia do casamento de Sua Alteza Real princesa Maria-Aldegunde von Hohenzollern e Sua Alteza Real príncipe Constantino da Baviera, no castelo de Sigmaringen. Eis o programa:

8h15 Santa Comunhão na capela do castelo.
8h30 Desjejum na Sala dos Antepassados e no Aposento do Rei.
10h00 Os convidados se reúnem nos Salões Verde e Negro.

10h15 Procissão até a igreja da cidade.
10h30 Cerimônia nupcial e missa cantada na igreja da cidade.
Depois da cerimônia: congratulações:
1. Pessoal — Aposento do Rei
2. Funcionários — Sala dos Antepassados
3. Convidados de fora — Salão Francês
4. Parentes e hóspedes — Salões Verde e Negro
13h30 Almoço de núpcias na Galeria Portuguesa. Os convidados se reúnem nos Salões Verde e Negro.
Homens — fraque ou uniforme de gala com medalhas e fitas; senhoras — vestido curto com chapéu e enfeites, sem fitinhas.
16h30 Chá na Velha Sala Germânica.
17h30 O casal parte de carro.[192]

O dia anterior previa um programa não menos denso e detalhado. Ao final do almoço de núpcias, circulam os cardápios com as assinaturas dos presentes. O de Missie Vassiltchikov volta a suas mãos sem ter completado o círculo, "todo rabiscado com nomes como Bobby, Fritzi, Sasha, Willy, Tio Albert. E também, numa caligrafia bastante infantil, aparece um enorme, solitário Hohenzollern".[193] Era o irmão menor da noiva, de nove anos.

1º de setembro de 1942. Novamente Berlim, Missie Vassiltchikov volta a pensar nas núpcias de Constantino da Baviera: "Fiquei com o programa, porque poderia ser o último evento desse tipo até o final da guerra (e sabe Deus o que será da Europa depois!)".[194]

4 de março de 1943. Junto com a batalha de Stalingrado, encerra-se a filmagem do *Münchhausen*, de Joseph von Báky. Goeb-

bels pretendia celebrar com esse filme o 25º aniversário da UFA. Para rodar as cenas na corte de Catarina II, foram requisitadas praticamente todas as velas disponíveis em Berlim. Porcelanas de Meissen, talheres de ouro, móveis espalhados entre vários museus foram levados ao estúdio. No extremo da longuíssima mesa dos convidados da czarina surge um imenso bolo. Ao se cortar a primeira fatia, da altura de um capitão da guarda, viu-se que o bolo estava oco e dentro dele um anão tocava um cravo. Os lacaios atrás dos convidados eram SS: pensava-se que seriam mais discretos em divulgar o que estava acontecendo ali. Mas não há sinal do Reich nos fotogramas: esse filme é um barco extravagante da velha Europa, a história de um homem que quer apenas viver, que não quer o poder porque o atrapalharia, e desembarca na lua como a Judy Garland do mágico de Oz. No início, damas e cavalheiros dançam um minueto. Por alguns instantes o filme se apresenta como um filme histórico cuidadoso e um pouco enfadonho. Depois, sem interrupção, os músicos passam com delicadeza a tocar um tango. Os casais se abraçam, as perucas se aproximam. Voltando às aventuras setecentistas de Münchhausen, os fotogramas já trazem em si uma exaltante alteração: a irrealidade. Cagliostro, Casanova, Blanchard vêm ao nosso encontro à maneira de Münchhausen sobre a bola de canhão: não tocam o solo, mas têm o frágil verniz de decalques. E as imagens nos arrebatam como Isabel d'Este entre os braços do invisível barão, que atravessa voando pelo ar a sala do harém, estupefato.

Quando *Münchhausen* estreou no UFA Palast de Berlim em noite de gala, os assentos foram determinados por Goebbels em pessoa: o diretor Veit Harlan ficou sentado na primeira fila da plateia, enquanto a esposa Kristina Söderbaum foi encaminhada à primeira fila da galeria. Goebbels fez um discurso sobre a história e os triunfos da UFA, tal como duas semanas antes falara no Sportpalast para anunciar a "guerra total".

Mais tarde nos encontramos no palacete do professor Carl Froelich. Lá estavam Hans Albers, o diretor Von Báy, Wolfgang Liebeneiner e ao final chegou Goebbels. Falou-se por muito tempo de Erich Kästner [que assinara o roteiro do *Münchhausen* com nome falso, por ser marginalizado pelo regime]. Goebbels era especialmente fascinado por ele. Se não me engano, no início Goebbels enfrentara várias dificuldades na Chancelaria do Reich para que o aceitassem como roteirista. Ademais, Kästner havia escrito o poema sobre a Primeira Guerra Mundial que dizia: "Se tivéssemos vencido a guerra […]. Mas, por sorte, não a vencemos". Goebbels lera diversos escritos de Kästner e nos explicou: "Seria uma grande tolice eliminar pessoas como Kästner. A arte alemã tem grande necessidade de inteligências como a dele, e o que costuma faltar aos alemães é justamente a inteligência. Encontrei dificuldades em relação a Kästner — ainda bem que consegui superá-las".[195]

9 de março de 1943. Túnis devastada pelos bombardeios. Destinos da guerra ainda incertos. Gide insiste em ver Hitler e Stálin como os guias dos dois países que "muito fizeram para nos libertar"[196] de algo não muito claro, que é definido como "a era mitológica"[197] (em outro texto, ele falará de um "entorpecimento mitológico").[198] Obra benéfica, que pode parecer também "iníqua e cruel" para aqueles que, porém, "amanhã se beneficiarão das imensas vantagens"[199] assim obtidas. Inútil insistir em certos aspectos desagradáveis daquilo que está acontecendo: são "feridas de um dia, sobre as quais a carne volta a se fechar e a honestidade de amanhã poderá restabelecer-se".[200] Gide acrescenta: "Eis as coisas que tanto Stálin quanto Hitler podem dizer e que têm certa razão em pensar".[201] Mas não só eles. Gide também pensa: "São as mesmas coisas que me repito sem cessar, as coisas que a cabeça responde ao coração".[202]

* * *

Abril de 1943. Malaparte voltara a acompanhar, como correspondente de guerra, o cerco de Leningrado. Das margens do imenso lago Ladoga, "mais do que sentir, adivinha-se a presença de Leningrado [...] É uma presença viva, porém: uma muda presença à espreita por trás do alto e compacto muro da floresta".[203] E a floresta absorve tudo em si, "domina, devora, esmaga todas as coisas, prepotente e selvagem: e aqui o cheiro do homem é encoberto pelo cheiro mais forte, acre e ao mesmo tempo doce, gélido e descarnado, da folhagem".[204] Até o momento em que aparece algo humano:

> A primeira imagem humana, que veio ao meu encontro do fundo gélido e nu daquela paisagem essencial, foi uma aparição extraordinária. Quase dois demônios à espreita, quase dois "anjos negros" caídos do parapeito azul da ira divina, dois lúciferes miseráveis e patéticos. Os restos de dois paraquedistas soviéticos que ficaram presos entre os galhos de dois abetos, a pouca distância um do outro. Uma equipe de soldados finlandeses traz escadas e ferramentas para soltá-los lá de cima e sepultá-los [...] parecia uma daquelas cenas pintadas pelos nossos primitivistas, em que o senso do horror sacro acompanha as figurações de "anjos negros", de demônios. E era realmente um horror sacro que eu sentia: como se me aparecesse diante dos olhos o testemunho da ira de Deus, o último ato de uma tragédia que se passa num reino sobre-humano, excelso, o epílogo de um pecado de orgulho, de uma traição, de uma revolta de "anjos negros".[205]

9 de abril de 1943. Goebbels anota em seu diário:

> Perto de Smolensk foram encontradas fossas comuns de poloneses. Os bolcheviques aqui simplesmente abateram e sepultaram em

fossas comuns cerca de 10 mil prisioneiros poloneses, entre os quais prisioneiros civis, bispos, intelectuais, artistas etc. Sobre essas fossas comuns plantaram canteiros, para que desapareça qualquer indício de sua ação celerada. Graças a indicações dos habitantes da área, descobriu-se o segredo dessas execuções e agora se revela uma assustadora devastação da alma humana.[206]

Tratava-se de Katyn. O número indicado por Goebbels era apenas uma primeira estimativa, por baixo. Seguindo as diretrizes do memorando de Béria, de março de 1940, o Exército Vermelho matara 21857 prisioneiros poloneses. Oito mil deles eram oficiais do exército. E, como na Polônia qualquer pessoa com diploma universitário se tornava automaticamente oficial, matá-los significava eliminar grande parte da classe dirigente, presente e futura, do país.

No diário de Goebbels, o nome Katyn aparece em 28 de abril. Tornou-se o "caso Katyn",[207] argumento para despertar, "com astúcia e habilidade",[208] rupturas entre os Aliados. Com efeito, o episódio leva ao rompimento de relações entre o governo polonês no exílio em Londres e a URSS. Stálin se declara indignado com a caluniosa reconstrução dos fatos de Katyn. O massacre decerto era obra dos alemães. Mas o efeito perturbador do rompimento, com que contava Goebbels, é pequeno. Entre a URSS e o governo polonês no exílio, os Aliados não têm um instante de dúvida. Seguem Stálin.

Enquanto isso, os militares alemães conseguem evitar que as imagens de Katyn apareçam nos cinejornais. São parecidas demais com as nossas — é o pensamento implícito. Quando Goebbels teve as imagens em mãos, considerou-as "tão horripilantes que apenas em parte são adequadas para vir a público".[209] No entanto, Goebbels queria que fossem vistas — e que Hitler as visse. Mas, "infelizmente, o Führer não teve tempo de olhá-las pessoalmente e quis que fossem divulgadas no próximo cinejornal. Mas então as imagens terão envelhecido tanto que não possuirão mais qualquer valor de atualidade".²¹⁰ Goebbels lamenta. Mas os militares insistem em que as imagens não sejam divulgadas. Goebbels conclui:

> Os militares, a esse propósito, invocam em especial o estado de ânimo dos parentes dos nossos tombados. Assim, devemos escolher entre o respeito por esses compatriotas ou o respeito pelos interesses gerais do povo alemão. Eu ponho estes últimos mais acima e por isso sou favorável a mostrar o bolchevismo como ele é.²¹¹

11 de abril de 1943. A agência alemã Trans-Ocean anuncia a descoberta da fossa de Katyn com os cadáveres de cerca de 3 mil oficiais poloneses mortos pela NKVD em março de 1940. Dois dias depois, em Berlim, um comunicado na rádio acrescenta alguns detalhes e é transmitido internacionalmente. Os soviéticos respondem em 15 de abril com um comunicado do Sovinformburo que define as afirmações dos "caluniadores de Goebbels"²¹² como "monstruosas", e acusa os alemães de terem eles mesmos praticado o massacre no verão de 1941, depois da retirada das tropas soviéticas do território de Smolensk. No mesmo dia, o general Sikorski, chefe do governo polonês no exílio, pede explicações à embaixada soviética e solicita à Cruz Vermelha Internacional a abertura de uma investigação. Depois se encontra com o ministro das Relações Exteriores Raczynski num almoço com Churchill na Downing Street. Churchill diz que acredita na culpa dos soviéticos, mas desaconselha a divulgação pública. Sikorski responde que seria inevitável.

No dia 16 de abril, às nove horas, o secretário da Cruz Vermelha Polonesa, Kazimierz Skarzynski, esteve em Katyn:

> Na clareira entre as fossas jaziam os cadáveres dos nossos oficiais que até aquele momento haviam sido exumados, sobre os quais al-

gumas grandes bandeiras da Cruz Vermelha estavam estendidas. Não havia nenhuma dúvida de que se tratava de uma execução em massa realizada pela mão de justiceiros experientes. Todos os cadáveres que vi tinham uma ferida de entrada de bala de revólver na base do crânio e uma ferida de saída na testa ou no rosto. O caráter uniforme das feridas e a direção dos tiros indicam que foram disparados por armas pequenas a uma distância mínima dos oficiais, que estavam de pé. Alguns cadáveres tinham os braços amarrados atrás das costas com uma corda grossa. Provavelmente eram homens que tentaram se defender. Os uniformes poloneses, os distintivos, as condecorações, as insígnias dos regimentos, os casacos, as calças e as botas estavam bem conservados, apesar do contato com a terra e do processo de decomposição. Mais abaixo, no fundo das fossas, havia outras camadas de cadáveres e se podiam ver crânios, pernas, mãos e costas que despontavam na terra compacta.[213]

Podia-se deduzir a data dos assassinatos pela altura dos jovens pinheiros que tinham crescido sobre as fossas. Os soviéticos haviam deixado com as vítimas os documentos de identidade e os diários, que se interrompiam, todos eles, nos primeiros dias de abril de 1940.

24 de julho de 1943. Paolo Morelli sentia curiosidade a respeito de tudo, queria acompanhar com seu monóculo inquisitivo o que acontecia enquanto acontecia. À tarde visitou Suster, diretor da Agência Stefani, para entender de que lado sopravam os ventos. Suster estava inquieto, dizia o tempo todo que Mussolini era "louco, louco da cabeça, não consegue mais pensar, é um abúlico irresponsável".[214] Depois Morelli quis sair

para dar uma olhada na Piazza Venezia. Estava deserta, havia algumas poucas pessoas paradas, cautelosas, nas esquinas das ruas; estranhos civis agrupados aqui e ali, percebia-se imediatamente quem eram, eram os mesmos que, quando Mussolini assistia às manobras nos Apeninos, faziam-se passar por veranistas, estranhos veranistas que saíam em plena tarde e passavam as horas no meio do caminho de um monte abrasado pelo sol; eram os mesmos que, em Stresa, fingiam ser pescadores; mas sempre vestidos da mesma forma, com aquele uniforme internacional de todos os policiais do mundo, como escrevia o meu amigo Xammar, enviado especial da *Ahora* de Madri: "boina, bastón, impermeable, y manos sucias".[215]

Mas o dia não havia acabado. E os dias acabavam sempre no café, aquele dos intelectuais:

Aragno, entre as nove e as dez, os clientes habituais, jornalistas, artistas e intelectuais, discutem animadamente; é curioso ver que muitos ainda mantêm seu bom distintivo fascista na lapela da jaqueta branca ou cinza. O poeta Cardarelli fica escondido num canto, imóvel, alheio ao tumulto, "solitário acima dos fatos", diria de si, como convém a Deus e ao poeta. Um jornalista lhe dirige a palavra, "O que o senhor pensa disso?". Um capitão da milícia que está ali próximo, de uniforme, armado, vira-se de repente e grita "Não se usa mais senhor". "Falo como quiser", responde o jornalista, e um terceiro retruca: "O que vocês têm hoje à noite que parecem todos loucos?". Dois ou três dão de ombros, Mario Pannunzio quebra uma cadeira na cabeça do oficial, a briga se alastra, voam travessas, derrubam-se mesas, quebram-se garrafas, não se enxerga mais o oficial da milícia, enterrado sob uma pirâmide de cadeiras; nesse momento, o siciliano Corrado Sofia entra esbaforido, "prenderam Mussolini", grita, "prenderam Mussolini"; parece o final da *Cavalleria rusticana*. A barafunda se transforma numa balbúrdia de vivas, de gritos, de abraços, todos vão para a rua, querem correr para os jornais para ter outras notícias.[216]

9 de setembro de 1943. Como sargento da 312ª Field Security Section, Norman Lewis desembarcou em Paestum às sete da noite. "Na paisagem que está diante de nós reina uma extraordinária calma aparente",[217] são as primeiras palavras de Lewis na Itália. Olhando ao redor, "aqui e ali, colunas imóveis de fumaça assinalavam a presença da guerra, mas no conjunto a impressão era a de uma esplêndida noite tranquila de final de verão numa praia mítica da antiguidade".[218] E havia alguém à espera: "Os cadáveres dos soldados mortos no dia foram arrumados em fila, lado a lado, ombro a ombro, com extrema precisão, quase como se fossem apresentar armas numa inspeção da morte".[219]

6 de outubro de 1943. O encontro dos Gauleiter em Poznan é uma manifestação solene. Pela Luftwaffe fala o general Milch; pela marinha, fala o almirante Dönitz; pelos armamentos, fala o ministro Speer. Por último fala Himmler, entre as cinco e as seis e meia da tarde. Discurso pragmático, que parte de problemas específicos e aos poucos se amplia, até as perspectivas para o futuro. No início, questões a resolver: os *partigiani*, as sabotagens, o general Vlasov, que se passara para o lado alemão:

> Depois de três dias, dissemos ao general mais ou menos o seguinte: O senhor entende claramente que não pode mais voltar atrás. Mas o senhor é um homem importante e nós lhe garantimos que, quando a guerra acabar, terá a pensão de um general russo e de agora em diante poderá dispor de álcool, cigarros e mulheres. Um homem desses se pode comprar por muito pouco. Custa muito pouco. Veja,

nessas coisas é preciso fazer as contas com grande frieza. Um homem desses custa 20 mil marcos ao ano. Se o mantiverem por dez ou quinze anos, são 300 mil marcos. Mas uma bateria capaz de atirar bem durante dois dias também custa 300 mil marcos.[220]

Outros problemas: os paraquedistas, os eslavos, os russos, os campos de trabalho para os prisioneiros de guerra. Passo a passo, Himmler se aproxima do que definia como "o problema mais grave da minha vida":[221] os judeus. Todos ao redor dele sabiam muito bem que, chegando ao "quarto, quinto, sexto ano de guerra",[222] não iriam resistir se continuassem a acolher "no corpo do nosso povo essa peste desagregadora".[223] Mas não bastava não ver mais judeus no seu Gau, no seu próprio distrito. "Meus senhores, a frase: 'Os judeus devem ser exterminados' é fácil de dizer, em sua brevidade. Mas, para quem precisa executar o que ela requer, é a frase mais dura e mais grave que existe".[224] A partir desse ponto — exceto algumas palavras sarcásticas sobre os inúmeros que vinham perorar em favor de certos "famosos judeus decentes" ("o número [desses judeus decentes] parece ainda mais alto do que o de todos os judeus")[225] —, o discurso de Himmler assume outro tom, um tom confidencial: "Peço-lhes que apenas ouçam o que digo neste grupo e nunca comentem a respeito".[226] Logo a seguir, uma pergunta: "Como fazer com as mulheres e crianças?".[227] E a resposta: "Não me senti autorizado a exterminar — isto é, matar ou mandar matar — os homens e deixar que as crianças cresçam para vir se vingar sobre nossos filhos e netos".[228] Assim, mais uma vez, Himmler escolhe "uma solução bem clara".[229] Mas havia o perigo de que "nossos homens e nossos chefes poderiam se sentir feridos no espírito e na alma. Perigo muito próximo".[230] Deviam evitar, ao mesmo tempo, tornarem-se "brutais, sem coração",[231] ou "moles", sujeitos a colapsos nervosos. "A passagem entre Cila e Caríbdis é extremamente estreita."[232] De todo modo, quis especificar: "nos países ocupados por nós, o problema judaico será liquidado até o final do ano. Restarão apenas resquícios de alguns indivíduos, que vivem na clandestinidade".[233]

Mas não era tudo. Himmler queria encerrar a questão judaica, porém sabia que havia uma coisa que *ainda* não podia ser dita: "Agora vocês estão a par e manterão tudo para si. Talvez um dia, não muito próximo, possamos refletir sobre a oportunidade de dizer algo mais para o povo alemão. Mas a melhor coisa, creio eu, é que nós — todos nós — suportemos esse peso pelo nosso povo, assumamos sobre nós a responsabilidade (a responsabilidade por uma ação e não só por uma ideia) e depois levemos o segredo para o túmulo".[234]

16 de outubro de 1943. Dia intenso, para Ernst Jünger. Pensa na máquina como um "predador cuja natureza perigosa não foi imediatamente percebida pelo homem".[235] Pensa na técnica como uma "construção edificada sobre um terreno não suficientemente explorado".[236] Folheia uma crônica setecentista de processos célebres e se detém numa frase sobre Brinvilliers, a inatingível envenenadora: "Os grandes crimes, longe de atrair suspeita, nem sequer passam pela imaginação".[237] Parecem divagações — e são um prelúdio.

Visita de Bogo, nome por trás do qual Jünger oculta Friedrich Hielscher, velho companheiro de conspirações. O pseudônimo é uma alusão à seita gnóstica dos bogomilos. E de fato, anota Jünger, Bogo "fundou uma igreja".[238] Está elaborando a dogmática, ao passo que a liturgia já está instaurada. Compreende "um ciclo de festas, 'O Ano Pagão', que prevê um sistema de relações entre deuses, festas, cores, animais, alimentos, pedras e plantas".[239] É o sistema arcaico das correspondências que ressurge por vontade de um indivíduo. Que é quem decide todos os detalhes.

Bogo não confiava nas conjuras dos militares contra Hitler. Pensava que caberia a ele pensar nisso, "como um Velho da Montanha, que envia seus jovens para os palácios".²⁴⁰ Mas Bogo não falava apenas disso. Nesse meio-tempo, desempacotava uma série de cachimbos esculpidos, com um ar "malicioso e inquisitivo".²⁴¹ Jünger, que o conhecia bem, percebia que havia um motivo oculto em suas maneiras: "Tive a impressão de que escolhia os cachimbos conforme exigia o avanço da conversa".²⁴² Avanço havia — e se encaminhava para um ápice. Durante as suas viagens — Bogo continuava a relatar —, passara por Lodz. Cento e vinte mil judeus viviam no gueto e fabricavam armas. Era a única forma de retardar um pouco a eliminação deles. "Para fazê-los desaparecer, construíram-se fornos crematórios perto do gueto."²⁴³

Mas, prosseguia Bogo,

> parece que há também uma segunda forma de extermínio, que consiste no seguinte: antes de serem queimadas, as vítimas, nuas, são obrigadas a subir numa grande chapa de ferro, pela qual passa uma corrente elétrica. Chegou-se a esse método por se constatar que as ss encarregadas de desferir o tiro na nuca sofreram de distúrbios nervosos e acabaram se recusando a tal. Esses fornos crematórios requerem um pessoal restrito; diz-se que lá trabalha uma espécie de chefes diabólicos com seus servos. É lá que desaparecem as massas de judeus que são deportados da Europa para "assentá-los em outro lugar".²⁴⁴

Só naquele dia Jünger veio a saber, por meio de Bogo, da existência dos campos de extermínio.

24 de outubro de 1943. Novo encargo urgente para Missie Vassiltchikov em seu escritório: "Traduzir as legendas de uma

grande quantidade de fotos dos restos de cerca de 4 mil oficiais poloneses assassinados pelos soviéticos e encontrados na floresta de Katyn nas proximidades de Smolensk. Causa vertigens".²⁴⁵ E tudo está cercado de sigilo. Missie consegue reconstituir que Von Papen, embaixador em Ancara, "autorizou um membro do seu pessoal a travar amizade com um representante diplomático polonês na Turquia que, por sua vez, é amigo de Steve Early, representante especial do presidente Roosevelt no local".²⁴⁶ Ao que parece,

> Roosevelt manifestou o desejo de conhecer a história em todos os detalhes, sem alterações — coisa que, aparentemente, não é capaz de obter nos Estados Unidos porque seus acólitos (Morgenthau?) interceptam e suprimem qualquer relatório desfavorável à União Soviética. As traduções precisam ficar prontas em dois dias. Estranha sensação, pensar que a minha prosa desembarcará na mesa do presidente Roosevelt em menos de uma semana.²⁴⁷

Novembro de 1943. Em Berlim, há racionamento de roupas, mas não de chapéus para mulheres. Missie Vassiltchikov aproveita. "Aos poucos, vamos acumulando."²⁴⁸ Mesmo depois, Missie conseguirá obter um chapéu de Rose Valois, "um grande sombrero verde brilhante, com fitas pretas",²⁴⁹ que alguém enviara à irmã Tatiana. E não esquecerá os chapéus mesmo quando se desencadeia a batalha de Berlim:

> Na manhã seguinte ao primeiro bombardeio, eu havia combinado que ia experimentar um chapéu numa lojinha nas proximidades. Ao redor as casas ardiam, mas eu queria demais aquele chapéu, e então fui e toquei a campainha e, maravilha das maravilhas, fui recebida por uma vendedora sorridente: *"Durchlaucht können*

anprobieren!" [Sua Alteza pode experimentá-lo!]. Assim fiz, mas eu estava com umas calças enlameadas e era difícil apreciar o efeito.[250]

18 de maio de 1944. Noel Willmett não estava convencido de que "o totalitarismo, o culto do líder etc."[251] estivessem se expandindo, visto que não pareciam se impor na Inglaterra e nos Estados Unidos. Orwell lhe respondeu, prevendo os anos do pós-guerra:

> Em certo sentido, a história já deixou de existir, isto é, não há uma história de nosso tempo que possa ser universalmente aceita [...]. Hitler pode dizer que os judeus começaram a guerra e, se ele sobreviver, isso se tornará a história oficial. Ele não pode dizer que dois e dois são cinco porque para os propósitos, digamos, da balística, eles têm de somar quatro. Mas se chegar o tipo de mundo que temo, um mundo de dois ou três super-Estados incapazes de conquistar um ao outro, dois e dois podem se tornar cinco se o Führer assim desejar. Essa é, tanto quanto posso ver, a direção em que avançamos de fato, embora, é claro, o processo seja reversível.[252]

Setembro de 1944. Vassíli Grossmann chega a Treblinka com as tropas de Stalingrado do general Jukov, treze meses depois da revolta no campo de extermínio. Por ordem de Himmler, todos os edifícios haviam sido demolidos, na vã tentativa de deixar o local irreconhecível. Mas os vestígios dos mortos despontavam por toda parte. As cinzas eram levadas pelos agricultores, numa estrada que "se tornara negra como uma faixa de luto. [...] O procedimento utilizava vinte carros por dia e cada carro transportava de seis a oito cargas por dia (120 a 130 quilos de cinzas por vez)"[253]. E também havia o solo. "O terreno dos lager foi semeado com tremoços e um dos carcereiros, Streben, construiu ali a sua casinha. Agora ela não existe mais, também queimada."[254] A terra "vomita pedaços de ossos, dentes, papel, objetos — não quer aqueles segredos".[255] Grossman ia adiante, no campo de tremoços:

> Continuamos a caminhar naquela terra sem fundo, mas depois paramos. De repente. Cabelos loiros de reflexos acobreados, os cabelos ondulados, densos, finos, leves, encantadores de uma jovem se misturam na terra pisoteada. Um pouco adiante, outros cachos claros e depois tranças pretas, pesadas na areia clara, e depois outras cabeleiras e mais outras. Deve ser o conteúdo de um saco — um só! — esquecido e que nunca foi levado. É tudo verdade! A última absurda esperança de que fosse apenas um pesadelo desmorona. E, enquanto isso, as vagens de tremoço estalam, estalam, e as sementes tamborilam no terreno como se realmente, por sob a terra, se elevassem os altos dobres de finados de uma infinidade de minúsculos sinos.[256]

5 de setembro de 1944. Em suas peregrinações germânicas, junto com a mulher Lucette, o gato Bérbet e o amigo Le Vigan, Céline chega a Berlim, vindo de Baden-Baden, e escreve a Paulo Bonny:

> Depois da nossa partida de Banho-Banho vivemos num pesadelo, não bombardeados, mas que visões! Que pesadelo! Berlim enfeitiçada até o suicídio. O lugar é irresistível. Qualquer cemitério, afinal, é um lugar ameno, uma risada em comparação a esse horror inacreditável.[257]

Abril de 1945. Os soldados do Exército Vermelho, vindos de anos dificílimos e de um país onde o que funcionava era muito pouco, e esse pouco dava medo, avançavam na Alemanha e olhavam ao redor. Segundo Grossman,

> foi na Alemanha e, em especial, aqui em Berlim, que os nossos soldados começaram a se perguntar seriamente por que os alemães nos haviam atacado sem motivo. Por que os alemães tinham necessidade dessa guerra tão injusta e terrível? Agora milhões dos nossos soldados viam as ricas fazendas da Prússia oriental, a perfeita organização da agricultura, os estábulos de alvenaria para o gado, os amplos salões, os tapetes, os armários abarrotados de roupas. E, ainda, as belas estradas que ligam um vilarejo a outro, as Autobahnen alemãs [...]. Viram as casas de dois andares dos subúrbios dotadas de eletricidade, gás, saneamento. Jardins maravilhosamente cuidados, os palacetes da burguesia berlinense, o esplendor incrível dos castelos, quintas e residências. Milhares de soldados aqui na Alemanha olhavam ao redor e continuavam a se perguntar furiosos: "Por que invadiram nosso país? O que queriam de nós?".[258]

Abril de 1945. Grossman chega a Berlim na comitiva do coronel-general Berzarin, o primeiro a entrar na cidade com suas tropas: "Gordo, olhos castanhos, zombeteiro, cabelos grisalhos, embora jovem. Inteligente, absolutamente tranquilo e sagaz".[259] O marechal Jukov o nomeia comandante de Berlim.

Pouco antes da capitulação da cidade, Grossman acaba por se encontrar no castelo de Friedrichsfelde, dos Von Treskow:

> Noite. O parque. As salas na penumbra. Os toques do relógio. As porcelanas. O coronel Petrov está com dor de dente. A lareira. Nas janelas lampeja o fogo da artilharia, as salvas dos morteiros katyusha, de repente ribomba um trovão, é um temporal. O céu amarelado e nublado, o calor, a chuva, o perfume de lilás, no parque

há um velho lago, as silhuetas indistintas das estátuas. Sento numa poltrona em frente à lareira. As badaladas intermináveis do relógio, uma melodia triste que por si só já é poesia. Nas mãos um livrinho antigo. As páginas finas, uma mão trêmula, talvez senil, escreveu nele com uma caligrafia incerta "Von Treskow".[260]

Segundo os familiares, o livro pertencia a Münthe von Treskow. Os soviéticos o haviam expulsado do castelo. Acabou morrendo de fome.

2 de maio de 1945. Berlim caiu.

Chamas, incêndios, fumaça [...]. Entre as ruínas, no meio das chamas e da fumaça, centenas de cadáveres espalhados pelas ruas. Cadáveres esmagados pelos tanques de guerra, espremidos como bisnagas, quase todos têm na mão espingardas e granadas — caíram em batalha. Quase todos vestem camisas marrons — são os ativistas do partido que guardavam os acessos ao Reichtag e à Nova Chancelaria.[261]

Grossman pôs os pés ali junto com Efin Gechman, seu companheiro de Stalingrado, "a quem Deus, evidentemente, esqueceu de transmitir o sentimento do medo".[262] No gabinete de Hitler, Grossman abre a gaveta de uma escrivaninha e pega alguns carimbos: "O Führer aprovou, o Führer confirmou".[263] Esses carimbos hoje fazem parte do espólio do escritor.

III
O AVISTAMENTO DAS TORRES

Num folheto avulso, de data ignorada, hoje na Biblioteca Jacques Doucet, Baudelaire descreveu o desmoronamento de uma imensa torre, que um dia se chamaria arranha-céu. Tinha uma sensação de impotência porque não conseguia transmitir a notícia às "pessoas", às "nações". Assim, tinha de se contentar em sussurrá-la aos "mais inteligentes".[1] Mas mesmo o sussurro precisou esperar mais de um século para ser impresso. E ninguém notou. As "nações" não perceberam a tempo o que as aguardava. Tudo se passara em sonho, num daqueles sonhos a que Baudelaire estava acostumado, aqueles que dão vontade de nunca mais dormir:

> Sintomas de ruína. Edifícios imensos. Numerosos, um sobre o outro, apartamentos, quartos, *templos*, galerias, escadas, corredores, mirantes, lanternas, fontes, estátuas. — *Fendas, rachaduras. Umidade que provém de uma cisterna situada perto do céu.* — Como avisar as pessoas, as nações? — avisemos aos ouvidos mais inteligentes.
>
> Acima, uma coluna cede e as duas extremidades se deslocam. Ainda não desmoronou nada. Não consigo mais encontrar a saída.

Desço, depois volto a subir. *Uma torre-labirinto. Nunca consegui sair. Moro para sempre num edifício prestes a desmoronar, um edifício afetado por uma doença secreta.* Calculo, dentro de mim, para me divertir, se uma massa tão prodigiosa de pedras, mármores, estátuas, paredes que estão para se entrechocar ficarão muito emporcalhadas com a grande quantidade de matéria cerebral, de carne humana e de ossos triturados.[2]

Quando a "notícia" desse sonho chegou às "nações", tudo correspondia, com um único acréscimo: as torres eram duas — e gêmeas.

Fontes

I. TURISTAS E TERRORISTAS [pp. 9-88]

1. R. Calasso, *La rovina di Kasch*, Adelphi, Milão, 1983, p. 318.
2. "The Kafir's Blood Is Halal for You, So Shed It", in *Rumiyah*, 1º de setembro de 2016, p. 34.
3. *Ibid.*, p. 36.
4. M. G. S. Hodgson, *The Order of Assassins*, Mouton & Co., 's-Gravenhage, 1955, p. 50.
5. Marco Polo, *Milione*, org. V. Bertolucci Pizzorusso, Adelphi, Milão, 1975, p. 56.
6. *Loc. cit.*
7. *Ibid.*, p. 57.
8. *Ibid.*, p. 58.
9. F. Nietzsche, "Zur Genealogie der Moral", in *Sämtliche Werke. Kritische Studienausgabe*, org. G. Collie M. Montinari, dtv-de Gruyter, Berlim-Munique, segunda edição revista, 1988, vol. v, p. 399 (III, 24). [Ed. bras.: *Genealogia da moral: Uma polêmica*. Trad. de Paulo César de Souza. São Paulo: Companhia das Letras, 1998.]
10. J. von Hammer-Purgstall, *Die Geschichte der Assassinen*, J. G. Cotta'schen Buchhandlung, Stuttgart - Tübingen, 1818, p. 84.
11. N. de Staël, in B. Bouthoul, *Le Vieux de la Montagne*, Gallimard, Paris, 1958, p. 7.

12. F. Battistini, "Le donne della virtù che frustano i 'vizi'", in *Sette*, 7 de outubro de 2016, p. 51.

13. L. Wright, *The Looming Tower*, Knopf, Nova York, 2006, p. 22. [Ed. bras.: *O vulto das torres: A Al-Qaeda e o caminho até o 11/9*. São Paulo: Companhia das Letras, 2007.]

14. A. B. al-Mehri, Introdução a S. Qutb, *Milestones* (1964), org. A. B. al-Mehri, Maktabah, Birmingham, 2006, p. 13.

15. S. Qutb, *Milestones*, American Trust Publications, Indianapolis, 1990, p. 5.

16. J. Burckhardt, "Griechische Kulturgeschichte", I, in *Gesammelte Werke*, Schwabe, Basileia-Stuttgart, vol. V, 1978, p. 93.

17. J. Burckhardt, *Kulturgeschichte Griechenlands*, Deutsche Buch-Gemeinschaft, Berlim, 1940, p. VII.

18. J. Burckhardt, *Griechische Kulturgeschichte, I*, cit., p. 92.

19. *Ibid.*, p. 93.

20. É. Durkheim, *Les Formes élémentaires de la vie religieuse*, PUF, Paris, 1960, p. 503. [Ed. bras.: *As formas elementares da vida religiosa*. São Paulo: Martins Fontes, 2003.]

21. *Ibid.*, pp. 633-4.

22. É. Durkheim, "Saint-Simon, fondateur du positivisme et de la sociologie", in *Revue Philosophique de la France et de l'Étranger*, XCIX, janeiro-junho de 1925, p. 321.

23. É. Durkheim, *Les Formes élémentaires de la vie religieuse*, cit., p. 295. [Ed. bras.: *As formas elementares da vida religiosa*. São Paulo: Martins Fontes, 2003.]

24. Platão, *República*, 493 c.

25. S. Weil, "Cahiers" (dezembro de 1941-fim de janeiro de 1942), in *Oeuvres complètes*, org. A. A. Devaux e F. de Lussy, Gallimard, Paris, vol. VI, tomo II, 1997, p. 378.

26. *Ibid.*, p. 132.

27. S. Weil, "Cahiers" (26 de abril-7 de junho de 1942), in *Oeuvres complètes*, cit., vol. VI, tomo III, 2002, p. 395.

28. L. Wittgenstein, "Bemerkungen tiber Frazers 'The Golden Bough'" (1931), in *Synthese*, 17, 1967, p. 239.

29. O. Mandelstam, "Gumanizm i sovremennost'", in *Nakanune: Literaturnoe prilozenie*, 36, 20 de janeiro de 1923, p. 6 (trad. S. Vitale); "Humanism and the Present", in *The Complete Critical Prose and Letters*, org. J. G. Harris, Ardis, Ann Arbor, 1979, p. 181.

30. *Loc. cit.*

31. H. Kissinger, *World Order*, Penguin Books, Nova York, 2014, p. 2. [Ed. bras.: *Ordem mundial*. Rio de Janeiro: Objetiva, 2015.]

32. *Ibid.*, p. 8.

33. A. Ganji, "Who Is Ali Khamenei?", in *Foreign Affairs*, xcii, setembro-outubro de 2013, p. 29.

34. H. Kissinger, *World Order*, cit., p. 346.

35. *Loc. cit.*

36. G. Orwell, *1984*, Harcourt Brace Jovanovich, San Diego-Nova York-Londres, 1949, p. 35. [Ed. bras.: *1984*. São Paulo: Companhia das Letras, 2009.]

37. "Catéchisme du révolutionnaire" (1869), in M. Confino, *Violence dans la violence*, François Maspero, Paris, 1973, p. 104.

38. A. de Tocqueville, *De la Démocratie en Amérique*, Charles Gosselin, Paris, vol. iv, 1840, p. 290. [Ed. bras.: *A democracia na América*. São Paulo: Martins Fontes, 2014, 2 v.]

39. *Loc. cit.*

40. N. Malebranche, "Traité de la nature et de la grâce" (1680), in *Oeuvres*, org. G. Rodis-Lewis, Gallimard, Paris, vol. ii, 1992, p. 109.

41. Pietro de Celle, "De conscientia", 91-2, in *Selected Works*, Cistercian Publications, Kalamazoo (Michigan), 1987, pp. 184-5.

42. F. Nietzsche, "Der Gottesdienst der Griechen" (1875-8), in *Werke. Kritische Gesamtausgabe*, org. F. Bornmann e M. Carpitella, de Gruyter, Berlim, seção ii, vol. v, 1995, p. 364.

43. J. S. Mill, *Autobiography*, Longmans, Green, Reader, e Dyer, Londres, 1873, p. 43. [Ed. bras.: *Autobiografia*. São Paulo: Iluminuras, 2006.]

44. *Ibid.*, pp. 40-1.

45. G.W. Leibniz, "Essais de Théodicée" (1710), in *Die philosophischen Schriften*, org. C. J. Gerhardt, Olms, Hildesheim, vol. vi, 1965, p. 114.

46. H. von Hofmannsthal, "Andreas", in *Gesammelte Werke*, org. B. Schoeller e R. Hirsch, S. Fischer, Frankfurt a. M., vol. vii, 1979, p. 271.

47. C. Baudelaire, "Sur la Belgique", in *Oeuvres completes*, org. C. Pichois, Gallimard, Paris, vol. ii, 1976, p. 899.

48. S. Weil, "L'Iliade ou le poème de la force", in *Oeuvres completes*, cit., vol. ii, tomo iii, 1989, p. 251.

49. S. Weil, "Intuitions pré-chrétiennes", in *Oeuvres completes*, cit., vol. iv, tomo ii, 2009, p. 291.

50. *Loc. cit.*

51. *Ibid.*, p. 292.

52. Virgílio, *Eneida*, i, 405.

53. J. S. Mill, *Autobiography*, cit., pp. 132-3.

54. *Ibid.*, p. 133.
55. *Loc. cit.*
56. *Ibid.*, pp. 133-4.
57. *Ibid.*, p. 134.
58. *Loc. cit.*
59. *Ibid.*, p. 133.
60. *Ibid.*, pp. 139-40.
61. S. T. Coleridge, "Dejection: an Ode", v. 21, in *The Poems of Samuel Taylor Coleridge*, org. E. H. Coleridge, Oxford University Press, London, 1912, p. 364.
62. *Gênesis*, 7, 8.
63. *Alcorão*, 17, 87.
64. C. Kavafis, *Mezz'ora*, v. 7 (trad. G. Ceronetti).
65. G. Benn, "Der Ptolemäer" (1949), in *Sämtliche Werke*, org. G. Schuster e I. Benn, Klett-Cotta, Stuttgart, vol. v, 1991, p. 24.
66. D. J. Chalmers, sinopse de *Its from Bits*, janeiro de 2017, p. 2.
67. D. J. Ghalmers, "The Mind Bleeds Into the World", in *Edge*, 24 de janeiro de 2017.
68. Carta de G. W. Leibniz a A. Verjus de 18 de agosto de 1705, in J. Baruzi, *Leibniz*, Bloud, Paris, 1909, p. 155.
69. *Loc. cit.*
70. *Loc. cit.*
71. R. Guénon, *Orient et Occident* (1924), Éditions de la Maisnie, Paris, 1987, pp. 67-8.
72. Y. N. Harari, *Homo Deus*, Harvill Secker, Londres, 2016, p. 380. [Ed. bras.: *Homo Deus: Uma breve história do amanhã*. São Paulo: Companhia das Letras, 2016.]
73. M. O'Connell, *To Be a Machine*, Granta, Londres, 2017, p. 49.
74. Y. N. Harari, *Homo Deus*, cit., p. 386.
75. *Ibid.*, p. 395.
76. *Ibid.*, p. 393.
77. *Ibid.*, p. 394.
78. *Ibid.*, p. 396.
79. *Loc. cit.*
80. G. Chaitin, *Meta Math!*, Pantheon Books, Nova York, 2005, pp. 60-1.
81. *Ibid.*, pp. 61-2.
82. M. A. Nielsen, "The Bits That Make up the Universe", in *Nature*, CDXXVII, 2004, p. 16.

83. D. J. Chalmers, sinopse de *Its from Bits*, cit., p. 1.
84. G. Chaitin, *Meta Math!*, cit., p. 114.
85. *Ibid.*, p. 87.
86. *Loc. cit.*
87. S. Weil, "À propos de la mécanique ondulatoire", in *Oeuvres complètes*, cit., vol. IV, tomo I, 2008, p. 493.
88. *Ibid.*, p. 494.
89. *Loc. cit.*
90. S. Russell, sinopse de *Beneficial Intelligence*, 9 de maio de 2017, p. 1.
91. *Loc. cit.*
92. *Ibid.*, p. 2.
93. *Loc. cit.*
94. A. Smith, *An Inquiry into the Nature and Causes of the Wealth of Nations*, W. Strahan and T. Cadell, Londres, vol. I, 1776, p. 415. [Ed. bras.: *A riqueza das nações*. Rio de Janeiro: Nova Fronteira, 2017.]
95. S. Russell, sinopse de *Beneficial Intelligence*, cit., p. 1.
96. *Loc. cit.*
97. W. Benjamin, "Franz Kafka", in *Gesammelte Schriften*, org. R. Tiedemann e H. Schweppenhäuser, Subrkamp, Frankfurt a. M., vol. II, tomo I, 1977, p. 432. [Ed. bras.: "Franz Kafka. A propósito do décimo aniversário de sua morte". In: *Obras escolhidas*. 3. ed. São Paulo: Brasiliense, 1987, v. 1, pp. 137-64.]
98. Carta de T. W. Adorno a W. Benjamin, 16 de dezembro de 1934, in W. Benjamin, *Gesammelte Schriften*, cit., vol. II, tomo III, 1977, p. 1173.
99. W. Benjamin, "Der Sürrealismus" (1929), in *Gesammelte Schriften*, cit., vol. II, tomo I, 1977, p. 307. [Ed. bras.: "O surrealismo. O último instantâneo da inteligência europeia". In: *Obras escolhidas*. 3. ed. São Paulo: Brasiliense, 1987, v. 1, pp. 21-35.]
100. *Loc. cit.*
101. *Loc. cit.*
102. R. Frost, "Introduction to E.A. Robinson's 'King Jasper'" (1935), in *Collected Poems, Prose, and Plays*, org. R. Poirier e M. Richardson, The Library of America, Nova York, 1995, p. 743.

II. A SOCIEDADE VIENENSE DO GÁS [pp. 89-156]

1. K. Mann, *Der Wendepunkt* (1942), S. Fischer, Frankfurt a. M., 1952, p. 298.
2. *Loc. cit.*
3. *Loc. cit.*

4. R. Brasillach, *Notre Avant-guerre*, Plon, Paris, 1941, p. 131.
5. *Loc. cit.*
6. *Loc. cit.*
7. *Ibid.*, p. 129.
8. G. Simenon, "Europe 33" (1933), in *Mes Apprentissages*, org. F. Lacassin, Omnibus, Paris, 2016, p. 762.
9. *Ibid.*, p. 763.
10. Carta de W. Benjamin a G. Scholem, 20 março de 1933, in *Gesammelte Briefe*, org. Ch. Gödde e H. Lonitz, Suhrkamp, Frankfurt a. M., vol. IV, 1998, p. 169.
11. *Ibid.*, p. 170.
12. V. Woolf, nota de 29 de abril de 1933, in *The Diary of Virginia Woolf*, org. A. O. Bell com a colaboração de A. McNeillie, Penguin, Londres, vol. IV, 1983, p. 153.
13. *Loc. cit.*
14. *Loc. cit.*
15. Carta de L.-F. Céline a C. Ambor, primavera de 1933, in *Lettres*, org. H. Godard e J.-P. Louis, Gallimard, Paris, 2009, p. 364.
16. Carta de L.-F. Céline a C. Ambor, 20 abril de 1933, *ibid.*, p. 366.
17. M. Martin du Gard, *Les Mémorables (1918-1945)*, Gallimard, Paris, 1999, p. 840.
18. Carta de L.-F. Céline a E. Dabit, maio de 1933, in *Lettres*, cit., p. 369.
19. Carta de L.-F. Céline a É. Faure, maio de 1933, *ibid.*, p. 375.
20. Carta de J. Roth a S. Zweig, 9 de maio de 1933, in J. Roth-S. Zweig, "*Jede Freundschaft mit mir ist ver-derblich*". *Briefwechsel 1927-1938*, org. M. Rietrae RJ. Siegel, Wallstein, Göttingen, 2011, p. 103.
21. Carta de J. Roth a S. Zweig, 22 de maio de 1933, *ibid.*, pp. 105-6.
22. M. Martin du Gard, *Les Mémorables*, cit., p. 848.
23. *Loc. cit.*
24. *Ibid.*, p. 849.
25. *Loc. cit.*
26. J. Lanz von Liebenfels, *Der elektrische Urgott und sein grosses Heiligtum in der Vorzeit*, Hertersburg-Versand, Prerow-Pommern, 1933, capa.
27. P. E. Drieu La Rochelle, *Socialisme fasciste*, Gallimard, Paris, 1934, p. 162.
28. *Ibid.*, p. 163.
29. Carta de L.-F. Céline a É. Faure, 18 de março de 1934, in *Lettres*, cit., p. 416.
30. Carta de L.-F. Céline a É. Faure, 14 de abril de 1934, *ibid.*, p. 417.
31. Carta de L.-F. Céline a É. Faure, 18 de março de 1934, *ibid.*, p. 416.
32. Carta de L.-F. Céline a É. Faure, 14 de abril de 1934, *ibid.*, p. 418.
33. Cartão-postal de L.-F. Céline a E. Craig, 31 de maio de 1934, *ibid.*, p. 425.

34. A. Juilland, *Elizabeth et Louis*, Gallimard, Paris, 1994, p. 341.
35. L.-F. Céline, *Voyage au bout de la nuit*, Denoël et Steele, Paris, 1932, p. 7. [Ed. bras.: *Viagem ao fim da noite*. São Paulo: Companhia das Letras, 2009.]
36. L. Untermeyer, in *The Letters of Robert Frost to Louis Unitermeyer*, org. L. Untermeyer, Holt, Rinehart and Winston, Nova York-Chicago-San Francisco, 1963, p. 256.
37. Carta de R. Frost a L. Untermeyer, 17 de fevereiro de 1935, *ibid.*, p. 254.
38. *Loc. cit.*
39. *Ibid.*, p. 255.
40. *Loc. cit.*
41. *Loc. cit.*
42. *Ibid.*, p. 256.
43. V. Woolf, nota de 22 de abril de 1935, in *The Diary of Virginia Woolf*, cit., p. 304.
44. V. Woolf, nota de 9 de maio de 1935, *ibid.*, p. 311.
45. Carta de E. Jünger a C. Schmitt, 4 de junho de 1935, in E. Jünger-C. Schmitt, *Briefe 1930-1983*, org. H. Kiesel, Klett-Cotta, Stuttgart, 1999, p. 49.
46. Carta de C. Schmitt a E. Jünger, 3 de maio de 1936, *ibid.*, p. 57.
47. Carta de L.-F. Céline a L. Delforge, 26 de agosto de 1935, in *Lettres*, cit., p. 466.
48. Carta de L.-F. Céline a É. Faure, 22 ou 23 de julho de 1935, *ibid.*, p. 462.
49. *Ibid.*, p. 463.
50. Carta de S. Beckett a M. Manning Howe, 13 de dezembro de 1936, in *The Letters of Samuel Beckett*, org. M. Dow Fehsenfeld e L. More Overbeck, Cambridge University Press, Cambridge, vol. I, 2009, p. 397.
51. S. Beckett, "L'Expulsé" (1945), in *Nouvelles et textes pour rien*, Les Editions de Minuit, Paris, 1955, p. 19. [Ed. bras.: "O Expulso". In: *Novelas*. São Paulo: Martins Fontes, 2006.]
52. *Loc. cit.*
53. Carta de S. Beckett a G. Albrecht, 31 de dezembro de 1936, in *The Letters of Samuel Beckett*, cit., p. 408.
54. Carta de S. Beckett a M. Manning Howe, 21 de março de 1937, *ibid.*, p. 468.
55. Carta de S. Beckett a G. Albrecht, 30 de março de 1937, *ibid.*, p. 480.
56. *Ibid.*, p. 478.
57. Carta de S. Beckett a T. McGreevy, 25 de março de 1937, *ibid.*, p. 470.
58. Carta de S. Beckett a G. Albrecht, 30 de março de 1937, *ibid.*, p. 480.
59. Carta de S. Beckett a T. McGreevy, 28 de novembro de 1936, *ibid.*, p. 389.
60. *Loc. cit.*
61. Carta de S. Beckett a T. McGreevy, 7 de março de 1937, *ibid.*, pp. 460-1.

62. Carta de R. Bazlen a L. Sain, 10 de setembro de 1936, coleção particular.
63. *Loc. cit.*
64. M. Picard, *Die Flucht vor Gott*, Eugen Rentsch, Erlenbach-Zurique, Leipzig, 1934, p. 43.
65. Magrini (pseudônimo de A. Garosci), "Inventario", in *Giustizia e libertà*, v. 9 (4 de março de 1938), p. 3.
66. É. Halévy, "L'Ère des tyrannies" (1936), in *L'Ère des tyrannies*, Gallimard, Paris, 1938, p. 214.
67. Carta de M. Mauss a É. Halévy, s.d., *ibid.*, pp. 230-1.
68. É. Halévy, *L'Ère des tyrannies*, cit., p. 221.
69. *Ibid.*, pp. 214-5.
70. *Ibid.*, p. 214.
71. *Ibid.*, p. 226.
72 *Ibid.*, p. 214.
73 *Loc. cit.*
74 *Loc. cit.*
75 *Loc. cit.*
76. *Ibid.*, p. 225.
77. *Ibid.*, p. 226.
78. M. Martin du Gard, *Les Mémorables*, cit., p. 113.
79. *Ibid.*, p. 959.
80. R. Brasillach, *Notre Avant-guerre*, cit., p. 264.
81. *Ibid.*, p. 265.
82. *Loc. cit.*
83. *Loc. cit.*
84. *Loc. cit.*
85. *Ibid.*, p. 266.
86. *Loc. cit.*
87. *Loc. cit.*
88. *Loc. cit.*
89. *Ibid.*, p. 267.
90. *Ibid.*, p. 268.
91. *Loc. cit.*
92. *Loc. cit.*
93. *Loc. cit.*
94. *Loc. cit.*
95. *Loc. cit.*
96. *Ibid.*, p. 269.
97. *Loc. cit.*

98. *Loc. cit.*
99. *Loc. cit.*
100. *Loc. cit.*
101. *Ibid.*, pp. 272-3.
102. *Ibid.*, p. 273.
103. *Loc. cit.*
104. *Loc. cit.*
105. *Ibid.*, p. 274.
106. *Ibid.*, p. 275.
107. *Loc. cit.*
108. *Loc. cit.*
109. *Loc. cit.*
110. *Ibid.*, p. 276.
111. *Loc. cit.*
112. *Ibid.*, pp. 276-7.
113. *Ibid.*, p. 276.
114. *Ibid.*, p. 277.
115. *Ibid.*, p. 278.
116. H. Rauschning, *Hitler m'a dit*, Coopération, Paris, 1939, p. 275.
117. *Ibid.*, pp. 278-9.
118. *Ibid.*, p. 263.
119. *Ibid.*, p. 265.
120. E. Jünger, nota de 18 de abril de 1939, in *Sämtliche Werke*, Klett-Cotta, Stuttgart, vol. II: *Tagebücher (Strahlungen I)*, 1998, pp. 37-8.
121. Ibid., p. 38.
122. *Loc. cit.*
123. *Loc. cit.*
124. *Loc. cit.*
125. *Loc. cit.*
126. *Loc. cit.*
127. Carta de W. Benjamin a M. Steffin, junho de 1939, in *Gesammelte Briefe*, cit., vol. VI, 2000, pp. 294-5.
128. A. Koestler, *Scum of the Earth* (1941), Eland, Londres, 1991, p. 30.
129. *Ibid.*, p. 31.
130. *Ibid.*, p. 34.
131. *Ibid.*, p. 13.
132. *Ibid.*, p. 39.
133. *Ibid.*, p. 40.
134. *Loc. cit.*

135. G. Pintor, *Doppio diario (1936-1943)*, org. M. Serri, Einaudi, Turim, 1978, p. 72.

136. K. Mann, *Der Wendepunkt*, cit., p. 423.

137. *Loc. cit.*

138. *Ibid.*, p. 424.

139. A. Koestler, *Scum of the Earth*, cit., p. 242.

140. *Loc. cit.*

141. *Ibid.*, p. 170.

142. *Ibid.*, p. 242.

143. *Ibid.*, p. 244.

144. *Loc. cit.*

145. S. Weil, À propos de la mécanique ondulatoire, cit., p. 490.

146. *Ibid.*, p. 493.

147. *Ibid.*, p. 496.

148. *Ibid.*, p. 491.

149. S. Weil, "L'Enracinement", in *Oeuvres complètes*, cit., vol. v, tomo II, 2013, p. 312. [Ed. bras.: *O enraizamento*. Bauru: EDUSC, 2001.]

150. *Loc. cit.*

151. *Loc. cit.*

152. *Ibid.*, pp. 312-3.

153. A. Gide, nota de 12 de janeiro de 1941, in *Journal*, org. M. Sagaert, Gallimard, Paris, vol. II: *1926-1950*, 1997, p. 748.

154. *Loc. cit.*

155. *Loc. cit.*

156. *Loc. cit.*

157. *Loc. cit.*

158. *Loc. cit.*

159. M. Vassiltchikov, nota de 17 de fevereiro de 1941, in *Berlin Diaries (1940-1945)*, Knopf, Nova York, 1987, p. 41.

160. M. Vassiltchikov, nota de 18 de fevereiro de 1941, *ibid.*, p. 41.

161. *Loc. cit.*

162. M. Vassiltchikov, nota de 24 março de 1941, *ibid.*, p. 44.

163. T. Reiss, "The First Conservative", in *The New Yorker*, 24 de outubro de 2005, p. 42.

164. P. Viereck, *Metapolitics*, Knopf, Nova York, 1941, p. x.

165. C. Malaparte, *Il Volga nasce in Europa*, Bompiani, Milão, 1943, p. 19.

166. *Loc. cit.*

167. *Ibid.*, pp. 20-1.

168. C. Malaparte, *Kaputt*, Casella, Nápoles, 1944, p. 191.

169. *Ibid.*, p. 163.
170. *Ibid.*, p. 164.
171. *Ibid.*, p. 198.
172. *Ibid.*, p. 210.
173. *Ibid.*, pp. 212-3.
174. H. Schwarz van Berk, Introdução a J. Goebbels, *Die Zeit ohne Beispiel*, Zentralverlag der NSDAP-Eher, Munique, 1941, p. 10.
175. J. Goebbels, Mimikry, in *Die Zeit ohne Beispiel*, cit., p. 526.
176. *Ibid.*, p. 527.
177. *Loc. cit.*
178. *Loc. cit.*
179. *Ibid.*, p. 531.
180. Relatório dos Serviços de Segurança na URSS de 31 de julho de 1941, in K. Pätzold-E. Schwarz, *Tagesordnung: Judenmord*, Metropol, Berlim, 1992, pp. 79-80.
181. F, Hartlaub, nota de junho-julho de 1941, in "In den eigenen Umriss gebannt". *Kriegsaufzeichnungen, literarische Fragmente und Briefe aus den Jahren 1939 bis 1945*, org. G. L. Ewenz, Suhrkamp, Berlim, vol. I, 2002, pp. 79-80.
182. H. Carossa, "Lebensbericht", in *Ungleiche Welten*, Insel, Wiesbaden, 1951, pp. 110-1.
183. *Ibid.*, p. 123.
184. "Der Reichenau-Befehl", in *Vernichtungskrieg. Verbrechen der Wehrmacht 1941 bis 1944*, org. Hamburger Institut für Sozialforschung, Hamburger Edition, Hamburg, 1996, p. 80.
185. J. Goebbels, nota de 24 de janeiro de 1942, in *Tagebücher. Aus den Jahren 1942-43*, org. L. P. Lochner, Atlantis, Zurique, 1948, pp. 52-3.
186. P. Buisson, *1940-1945. Années érotiques*, Albin Michel, Paris, vol. II, 2009, p. 44.
187. F. Hartlaub, "Aufzeichnungen aus dem Führerhauptquartier (1942-1945)", in *In den eigenen Umriss gebannt*, cit., p. 160.
188. M. Vassiltchikov, nota de 30 de agosto de 1942, in *Berlim Diaries*, cit., p. 67.
189. *Ibid.*, p. 68.
190. *Loc. cit.*
191. *Loc. cit.*
192. M. Vassiltchikov, nota de 1º de setembro de 1942, *ibid.*, pp. 72-3.
193. M. Vassiltchikov, nota de 31 de agosto de 1942, *ibid.*, p. 71.
194. M. Vassiltchikov, nota de 1º setembro de 1942, *ibid.*, p. 71.

195. V. Harlan, *Im Schatten meiner Filme*, org. H. C. Opfermann, Mohn, Gütersloh, 1966, p. 156.
196. A. Gide, nota de 9 de março de 1943, in *Journal*, cit., p. 920.
197. *Loc. cit.*
198. A. Gide, nota de 19 de abril de 1943, *ibid.*, p. 942.
199. A. Gide, nota de 12 de março de 1943, *ibid.*, p. 921.
200. *Loc. cit.*
201. *Loc. cit.*
202. *Loc. cit.*
203. G. Malaparte, *Il Volga nasce in Europa*, cit., p. 270.
204. *Loc. cit.*
205. *Ibid.*, pp. 272-3.
206. J. Goebbels, nota de 9 de abril de 1943, in *Tagebücher*, org. R. G. Reuth, Piper, Munique, vol. v: *1943-1945. Anhang*, 1999, p. 1920.
207. J. Goebbels, nota de 28 de abril de 1943, *ibid.*, p. 1925.
208. *Loc. cit.*
209. J. Goebbels, nota de 18 de abril de 1943, *ibid.*, p. 1923.
210. J. Goebbels, nota de 28 de abril de 1943, *ibid.*, p. 1925.
211. *Ibid.*, pp. 1925-6.
212. Comunicado do Sovinformburo de 15 de abril de 1943, in *Katyn*, org. A. M. Cienciala, N. S. Lebedeva e W. Materski, Yale University Press, New Haven-Londres, 2007, p. 306.
213. Relatório do secretário da Cruz Vermelha Polonesa Kazimierz Skarzynski sobre a visita a Smolensk e Katyn de 15-16 de abril de 1943 (junho de 1943, Varsóvia), *ibid.*, pp. 312-3.
214. P. Monelli, *Roma 1943*, Migliaresi, Roma, 1945, p. 147.
215. *Ibid.*, pp. 147-8.
216. *Ibid.*, pp. 150-1.
217. N. Lewis, *Naples '44*, Collins, Londres, 1978, p. 11.
218. *Ibid.*, p. 12.
219. *Loc. cit.*
220. H. Himmler, *Rede vor den Reichs- und Gauleitern in Posen am 6. 10. 1943, in Geheimreden 1933 bis 1945*, org. B. F. Smith e A. F. Peterson, Propyläen, Frankfurt a. M.-Berlim-Viena, 1974, p. 164.
221. *Ibid.*, p. 169.
222. *Loc. cit.*
223. *Loc. cit.*
224. *Loc. cit.*
225. *Loc. cit.*

226. *Loc. cit.*
227. *Loc. cit.*
228. *Loc. cit.*
229. *Loc. cit.*
230. *Ibid.*, pp. 169-70.
231. *Ibid.*, p. 170.
232. *Loc. cit.*
233. *Loc. cit.*
234. *Ibid.*, pp. 170-1.
235. E. Jünger, nota de 16 de outubro de 1943, in *Sämtliche Werke*, cit., vol. III: *Tagebücher (Strahlungen II)*, 1998, pp. 171-2.
236. *Ibid.*, p. 172.
237. *Ibid.*, p. 173.
238. *Ibid.*, p. 174.
239. *Loc. cit.*
240. *Loc. cit.*
241. *Loc. cit.*
242. *Loc. cit.*
243. *Ibid.*, p. 175.
244. *Ibid.*, pp. 175-6.
245. M. Vassiltchikov, nota de 24 de outubro de 1943, in *Berlin Diaries*, cit., p. 99.
246. *Loc. cit.*
247. *Loc. cit.*
248. M. Vassiltchikov, nota de 12 de maio de 1941, *ibid.*, p. 50.
249. M. Vassiltchikov, nota de 8 de setembro de 1943, *ibid.*, p. 93.
250. M. Vassiltchikov, nota de 27 de novembro de 1943, *ibid.*, p. 122.
251. Carta de G. Orwell a N. Willmett, 18 maio de 1944, in *A Life in Letters*, org. P. Davison, Penguin Books, Londres, 2011, p. 232.
252. *Loc. cit.*
253. V. Grossman, "Treblinskij ad", in *Znamja*, 11, 1944, p. 140 (trad. ital. *L'inferno di Treblinka*, Adelphi, Milão, 2010, p. 67).
254. *Ibid.*, p. 142 (trad. ital. cit., p. 73).
255. *Ibid.*, p. 143 (trad. ital. cit., p. 76).
256. *Loc. cit.* (trad. ital. cit., p. 77-8).
257. Carta de L.-F. Céline a P. Bonny, 5 de setembro de 1944, in *Lettres*, cit., p. 760.
258. V. Grossman, *A Writer at War*, org. A. Beevor e L. Vinogradova, Harvill Press, Londres, 2005, pp. 341-2.

259. *Ibid.*, p. 335.
260. *Ibid.*, p. 336.
261. *Ibid.*, p. 338.
262. V. Grossman, cit. in D. I. Ortenberg, *God 1942. Rasshaz-chronika, Politizdat*, Moscou, 1988, p. 393 (trad. V. Parisi).
263. V. Grossman, *A Writer at War*, cit., p. 342.

III. O AVISTAMENTO DAS TORRES [pp. 157-60]

1. Ch. Baudelaire, "Reliquat du 'Spleen de Paris'", in *Oeuvres completes*, cit., vol. I, 1975, p. 372.
2. *Loc. cit.*

Índice onomástico

Adorno, Theodor W., 42, 85
Agostinho, Santo, 47
Albers, Hans, 142
Alexander, Keith, 33
Alfa, Michèle, 137
al-Sadat, Muhammad A., 20
al-Zawahiri, Ayman, 20
Ambor, Cillie, 94, 103
Angel, Anny, 94
Antonescu, Ion, 129
Aristóteles, 108-9, 111
Arletty, 137
Asclépio (deus grego), 97
Auden, Wystan H., 12

Báky, Joseph von, 140, 142
Balin, Mireille, 137
Bartleby (personagem), 41
Baudelaire, Charles, 51, 159
Bazlen, Roberto, 106
Beccaria, Cesare, 38
Beckett, Samuel, 104-6

Benjamin, Walter, 85, 93, 119, 124
Benn, Gottfried, 65
Bentham, Jeremy, 38-9, 45, 54, 77
Bérbet (gato), 154
Béria, Laurenti P., 144
Berzarin, Nikolai E., 155
Bethmann-Hollweg, Theobald von, 35
Biéli, Andrei, 105
Bin Laden, Osama, 18, 20
Bismarck, Otto von, 101
Blanchard, Jean-Pierre, 141
Bogo (pseudônimo de Friedrich Hielscher), 150-1
Bonny, Paulo, 154
Bouthoul, Betty, 17
Bouvard (personagem), 26, 59
Brancciolini, Poggio, 50
Brasillach, Robert, 92, 112-7
Brecht, Bertolt, 128
Brinvilliers, Marie-Madeleine d'Aubray, marquesa de, 150
Brunschvicg, Léon, 109

Buda, 67
Burckhardt, Jacob, 24-5, 84
Burroughs, William S., 17

Cagliostro, Alessandro, 141
Cantor, Georg, 78
Cardarelli, Vincenzo, 147
Carlos XII, rei da Suécia, 68
Carol, Martine, 137
Carossa, Hans, 134-6
Carpaccio, Vittore, 117
Casanova, Giacomo, 141
Catarina II, imperatriz da Rússia, 141
Céline, Louis-Ferdinand, 94-5, 98-100, 103-4, 154
Chaitin, Gregory, 78-9
Chalmers, David, 66-7, 78
Chamberlain, Arthur, 132
Chanel, Coco, 137
Churchill, Winston, 132, 145
Claudel, Paul, 135
Coleridge, Samuel T., 55
Colette, Gabrielle-Sidonie, 117
Constantino da Baviera, príncipe, 139-40
Cortés, Hernán, 125
Craig, Elizabeth, 99

Dabit, Eugène, 95
Daladier, Édouard, 132
Darwin, Charles, 51
Daumal, René, 61
Deineka, Aleksandr A., 110
Delforge, Lucienne, 103
DeMille, Cecil B., 114
Destouches, Louis F. A., 99; ver também Céline, Louis-Ferdinand
Destouches, Lucette, 154
Dönitz, Karl, 148

Dostoiévski, Fiódor M., 48
Drieu La Rochelle, Pierre, 98
Dubert, Albert (pseudônimo de Arthur Koestler), 123; ver também Koestler, Arthur
Dürer, Albrecht, 106
Durkheim, Émile, 26-9

Early, Stephen T., 152
Ebermayer, Erich, 91
Einstein, Albert, 124
Eloim (Deus), 62
Europa, 60, 88, 92-4, 123, 126, 140-1, 151

Faure, Élie, 95, 98, 103
Feuchtwanger, Lion, 96
Ficino, Marsilio, 50
Flaubert, Gustave, 47
Fohi (imperador lendário da China), 68
Fragonard, Jean-Honoré, 99
Freud, Sigmund, 26, 63, 94
Froelich, Carl, 142
Frost, Robert, 86, 100

Gadda, Carlo Emilio, 106
Garland, Judy, 141
Garosci, Aldo, 107
Gates, Bill, 65
Gates, Melinda, 65
Gechman, Efin, 156
Gerratana, Valentino, 121
Gide, André, 112, 125-6, 135, 142
Giraudoux, Jean, 117
Gletkin (personagem), 120
Gödel, Kurt, 74
Goebbels, Paul J., 114, 126, 131-3, 137, 141-5
Goering, Hermann, 102

Goethe, Johann Wolfgang von, 126
Gould, Florence, 137
Grossman, Vassíli, 153-6
Guénon, René, 69
Guermantes, Oriane de, 110

Habsburgo, dinastia dos, 98
Halévy, Élie, 107, 109-11
Halifax, Edward Frederick Lindley Wood, visconde de, 132
Hammer-Purgstall, Joseph F. von, 17
Harari, Yuval N., 76-7
Hardy, Daphne, 120-1
Harlan, Veit, 141
Hartlaub, Felix, 134, 138
Hasan-i Sabbah (Velho da Montanha), 15-6, 18, 151
Heckel, Erich, 104
Hegel, Georg Wilhelm Friedrich, 11, 73
Helvétius, Claude-Adrien, 38
Hermes (deus grego), 72
Heródoto, 46
Hielscher, Friedrich ver Bogo
Hilz, Sepp, 110
Himmler, Heinrich, 114, 148-50, 153
Hitler, Adolf, 22-3, 36-7, 51, 91, 94-6, 101-2, 108, 111, 113, 115, 117-8, 120, 122, 125-9, 142, 144, 151, 153, 156
Hodgson, Marshall G. S., 15
Hoffmann, E.T.A., 103
Hofmannsthal, Hugo von, 49
Hohenzollern, dinastia dos, 98, 139-40
Homais, Monsieur (personagem), 47
Hubert, Henri, 26
Hulagu, cã, 15
Hutcheson, Francis, 38

Irrgang, Erika, 94
Isabel d'Este, 141
Ísis (deusa egípcia), 48

Jesus Cristo, 133
Joinville, Jean, 16
Jones, James W., Reverendo, 75
Jukov, Georgi K., 153
Jukov, Vassili I., 155
Jünger, Ernst, 96, 103, 118-9, 125, 150-1

K. (personagem), 86
Kafka, Franz, 84
Kamenetzky, Mikhail (Mischa), 121
Kästner, Erich, 142
Kerênski, Aleksandr F., 108
Khamenei, Ali H., 20, 32
Khomeini, Ruhollah, 32
Khruschóv, Nikita S., 72
Kippenberg, Anton, 95
Kirchner, Ernst L., 104
Kissinger, Henry, 31-3
Klopstock, Friedrich G., 105
Koene, Randal A., 76
Koestler, Arthur, 120, 123
Kosloff, Theodore, 99
Kraus, Karl, 21, 119
Kubin, Alfred, 103
Kurzweil, Raymond, 74

Lanz von Liebenfels, Jörg, 97
Latâncio, 48
Le Vigan, Robert, 154
Léautaud, Paul, 112
Leibniz, Gottfried Wilhelm von, 47, 61, 68-70, 78, 104
Lênin, Vladimir I., 22-3, 37, 108
Lessing, Gotthold E., 105
Lewis, Norman, 148

Libet, Benjamin, 55
Licofronte, 117
Liebeneiner, Wolfgang, 142
Lindbergh, Charles, 122
Locke, John, 46
Luchaire, Corinne, 137
Luís XIV, rei da França, 68
Lupu, Constantin, 129

MacLeish, Archibald, 100
Malaparte, Curzio, 128, 130, 143
Malebranche, Nicolas de, 40, 84-5
Mandelstam, Ossip E., 30-1
Mann, Klaus, 91, 122
Mann, Thomas, 105
Maomé, profeta, 44
Maquiavel, Nicolau, 77
Marc, Franz, 105
Marco Polo, 15-6
Maria-Aldegunde von Hohenzollern, princesa, 139
Maria Antonieta, rainha consorte da França, 95
Marioara (garçonete), 130
Martin du Gard, Maurice, 94, 112
Marx, Karl, 23
Mauss, Marcel, 26-7, 107, 110-1
McCullers, Carson, 122
Michelet, Jules, 84
Milch, Erhard, 148
Mill, John Stuart, 46, 54-5
Mitra (deus persa), 48
Molly, 100
Molotov, Viatcheslav, 120
Montherlant, Henri de, 94-5
Morelli, Paolo, 146
Morgenthau Jr., Henry, 152
Mumm, Madeleine de, 137

Münchhausen, Karl F. H., barão de, 140-2
Mussolini, Benito, 100, 108, 112, 122, 146-7

Napoleão Bonaparte, 113, 126
Nasser, Gamal Abdel, 20
Netchaiev, Serguei G., 13, 38
Neumann, John von, 80
Nielsen, Michael, 78-9
Nietzsche, Friedrich, 16-7, 44
Noailles, Marie-Laure de, 137
Nolde, Emil, 104-5
Nono de Panópolis, 117

Odorico de Pordenone, 16
Orwell, George, 33, 153

Palas (deusa grega), 92
Pannunzio, Mario, 147
Papen, Franz von, 152
Pascin, Jules, 129
Paulo, São, 26
Pécuchet (personagem), 26, 59
Pedro, o Grande, imperador da Rússia, 68
Pelliot, Paul, 15
Petrov, coronel, 155
Picard, Max, 106
Pico della Mirandola, 50
Pietro de Celle, 40
Pintor, Giaime, 121
Pizarro, Francisco, 125
Planck, Max, 124
Platão, 29, 111
Poe, Edgar Allan, 92
Pohl, Otto, 124
Preste João, 16
Priestley, Joseph, 38

Proust, Marcel, 105
Ptolomeu, 65

Quisling, Vidkun, 122
Qutb, Sayyid, 19-21, 32

Raczynski, Edward B., 145
Rauschning, Hermann, 117-8
Régnier, Henri-Francois de, 99
Reich, Annie, 94
Reichenau, Walter von, 136-7
Ribbentrop, Joachim von, 115, 120
Rilke, Rainer Maria, 105, 121
Robinson, Edward A., 86
Romanov, dinastia dos, 98
Roosevelt, Franklin D., 132, 152
Roth, Joseph, 95
Rousseau, Jean-Jacques, 23, 113
Russell, Stuart J., 81-3

Sacramozo, cavaleiro, 49
Sade, Donatien-Alphonse-François, marquês de, 53
Sain, Ludovico, 106
Saint-Simon, Henri de, 23, 28
Salutati, Coluccio, 50
Schmitt, Carl, 103
Schmundt, Rudolf, 137
Scholem, Gershom, 93
Schwarz van Berk, Hans, 131
Searle, John R., 67
Sikorski, Wladislaw, 145
Simenon, Georges, 92
Simon, sir John Allsebrook, 101
Sironi, Mario, 110
Skarzynski, Kazimierz, 145
Skinner, Burrhus F., 45
Smith, Adam, 82
Söderbaum, Kristina, 141

Sofia, Corrado, 147
Soon, Chun Siong, 55
Sorel, Georges, 108-9
Speer, Albert, 148
Staël, Nicolas de, 17
Stahlecker, Franz W., 127
Stálin, Ióssif, 22, 26, 72, 95, 120, 142, 144
Stavisky, Serge Alexandre, 99
Steffin, Margarete, 119
Stille, Ugo (pseudônimo de Mikhail Kamenetzky), 121
Strasser, Otto, 123
Streben (carcereiro), 154
Streicher, Julius, 106
Strindberg, August, 97
Suster, Roberto, 146

Taylor, Charles, 48, 50
Tertuliano, 48
Thibaudet, Albert, 117
Tiedtke, Fräulein, 105
Tintoretto, 117
Tocqueville, Alexis de, 39
Treskow, Münthe von, 156
Treskow, von (família), 155
Trott zu Solz, Adam von, 127
Turing, Alan, 76

Untermeyer, Louis, 100

Valentin, Karl, 105
Valéry, Paul, 117, 135
Vassiltchikov, Marie ("Missie"), 126, 139-40, 151-2
Vassiltchikov, Tatiana, 152
Velho da Montanha ver Hasan-i Sabbah
Verjus, Père Antoine, 68
Viereck, George Sylvester, 127

Viereck, Peter, 127-8
Virgílio, 117
Vlasov, Andrei A., 148
Voltaire, 105, 113

Walser, Robert, 41
Walter, Bruno, 93
Wegner, Daniel, 55
Weil, Simone, 29, 52, 80, 124-5
Wheeler, John A., 78-9
Wigram, Ralph F., 101-2

Williams, Esther, 19
Willmett, Noel, 153
Wittelsbach, dinastia dos, 139
Wittgenstein, Ludwig, 30
Woolf, Leonard, 101-2
Woolf, Virginia, 93-4, 101-2

Xammar Puigventós, Eugeni, 147

Zweig, Arnold, 96
Zweig, Stefan, 95

ESTA OBRA FOI COMPOSTA PELA SPRESS EM MINION E IMPRESSA EM OFSETE
PELA GRÁFICA BARTIRA SOBRE PAPEL PÓLEN SOFT DA SUZANO S.A.
PARA A EDITORA SCHWARCZ EM FEVEREIRO 2020

A marca FSC® é a garantia de que a madeira utilizada na fabricação do papel deste livro provém de florestas que foram gerenciadas de maneira ambientalmente correta, socialmente justa e economicamente viável, além de outras fontes de origem controlada.